अनुगूंज

(काव्य-संग्रह)

पुष्पा राही

डायमंड बुक्स
www.diamondbook.in

प्रकाशक : डायमंड पॉकेट बुक्स (प्रा.) लि.
X-30 ओखला इंडस्ट्रियल एरिया, फेज-II
नई दिल्ली- 110020
फोन : 011-40712200
ई-मेल : sales@dpb.in
वेबसाइट : www.diamondbook.in
संस्करण : प्रथम, 2022

ANUGOONJ (Kavya Sangrah)

by *Pushpa Rahi*

समर्पण

प्यार, ममता, ऊर्जा और शक्ति
का साकार रूप
श्रीमती किरण श्रीवास्तव के
पचहत्तरवें जन्म दिवस के
उपलक्ष्य में समर्पित

- पुष्पा राही

भूमिका

अलग-थलग मेरी कविताएं

जब से कविता है तब से यह प्रश्न है कि कविता का सम्बन्ध हृदय से है या मस्तिष्क से, भाव से है या विचार से, कवि से है या संसार से। मैं तो कभी इस गुत्थी में उलझी ही नहीं। इस चक्रव्यूह में फंसी ही नहीं। मैं तो बस यह मानती हूं और अनुभव भी करती हूं कि कविता लिखना ऐसा ही है जैसे आत्मकथा लिखना। अधिकतर लोग तो यही मानते हैं कि कविता लिखना आत्मव्यथा लिखना है। अब मैं क्या करूं। मेरे मन में बहुत अधिक व्यथाएं आती ही नहीं। मेरे मन में तो एक ही विचार बार-बार आता है-

जब तक ज़िन्दा हैं तब तक तो ज़िन्दा हैं
आगे की फिर आगे देखेंगे

अपना भविष्य तो कोई देख नहीं सकता, जीना तो वर्तमान को ही होता है। कविता के अनेक लक्ष्य माने जाते हैं परन्तु "मेरा तो सिद्धान्त यही है लिखो वही जो हृदय छुए।" जो बात दूसरे तक पहुंची ही नहीं उसे कहने से क्या लाभ? आजकल सबसे बड़ी समस्या तो यही है कि कवि अपने मन की बात दूसरों तक पहुंचा ही नहीं पाता। कवि पृष्ठभूमि में चले गए हैं और फ़ेसबुक पर छा जाने वाले मुखर कवि ही लोकप्रियता के सबसे बड़े दावेदार हैं। पुस्तकें अस्पृश्य होती जा रही हैं और ऑनलाइन चलने वाली कविताएं सबसे ज़्यादा मचल रही हैं।

मुझे अपनी एक कविता में कहना पड़ा–

हर दिन का है अलग हिसाब
पृष्ठ–पृष्ठ ज्यों खुले किताब
पढ़ो और पलटो पन्ने
ढूंढो उसमें अपने ख़्वाब
बदल गईं हैं परिस्थितियां
बिखर गए हैं सभी गुलाब
बढ़ा पीढ़ियों का अन्तर
आपसदारी छू मंतर
संवेदना हुईं लाचार
बिगड़ चुके हैं सभी हिसाब

नई पीढ़ी पाठ्य से अधिक दृश्य–श्रव्य माध्यम में रुचि लेने लगी है। एक युग वह भी था जब बच्चों के हाथों में पुस्तकें महकती थीं। आज स्थिति यह है कि पुस्तकों से उनका साथ छूट गया है और वे मोबाइल, लैपटॉप और कम्प्यूटर की दुनिया में खो गए हैं। यह अधिकतर नई पीढ़ी के साथ घटित हुआ है। पुरानी पीढ़ी के हाथ में अब भी कभी–कभार किताब दिखाई दे ही जाती है। प्रसन्नता का विषय है कि हाल ही में विदेश से घूम कर आए एक प्रसिद्ध साहित्यकार ने बताया कि अब विदेश में पुस्तकों की ओर वापसी का दौर शुरू हो चुका है। हम अनेक मामलों में विदेश की नक़ल करते हैं। काश! इस मामले में भी हम उनकी नक़ल करें। जन–जीवन में पुस्तकों की वापसी साहित्यकार के लिए बहुत प्रसन्नता की बात होगी। फ़िलहाल तो यही स्थिति देखने में आती है–

खुली गली के बीचों बीच
बच्चों के चलते थे शोर

अब बच्चे कमरों में बंद
कम्प्यूटर हैं उन्हें पसंद

काश! कम्प्यूटर के लिए उनकी पसंद कुछ कम हो जाए और वे क़लम दवात और किताब की ओर लौटने लगें।

कविता को मैं तो अन्तर की अनुगूंज मानती हूं। मैं इस पर अपनी बौद्धिकता नहीं थोपती। जैसा मन में सहज भाव से आता है मेरा पल-पल वही गाता है।

कविता में तो दिल ही दिल है
एक तरफ़ रख दिया दिमाग़
कहनी हैं कुछ छुट-पुट बातें
नहीं अलापना बोझिल राग
पेचीदा अर्थों की दुनिया
से अपना सम्बन्ध नहीं है
अपनी तो बस
दिल से दिल तक
लगनी चाहिए एक छलांग

मैं तो यही मानती हूं कि कविता का सम्बन्ध दिल-दिमाग़ से भी ज़्यादा परिस्थिति सापेक्ष है।

लिखने पर क्या सोच-विचार
लिखो उतारो मन का भार
लिख दो लिख दो जो लिखना
नहीं किसी से लिया उधार
लिख लो कुछ
पिछले अनुभव
अगली बातें जो संभव
रोक-टोक तो कहीं नहीं
वर्तमान से जोड़ो तार

कविता ही मुझे ढूंढती हुई नहीं आई बल्कि प्रायः यही होता है कि वह मुझसे आगे-आगे चलने लगती है और मुझे परछाईं की तरह उसका पीछा करना होता है।

मेरी कविताई ने मुझ पर आफ़त ढाई
अब तो जैसे बन बैठी वह मेरी ताई
मैं पीछे हूं वह आगे है
सिर चढ़ मेरे बोल रही उसकी अगुआई

फिर भी कुछ तो ऐसा है ही जो कविता का निमित्त बन जाता है। मनुष्य की सबसे बड़ी जीत उसकी गहरी प्रीत है। यह ठीक है कि हम दुनिया को अपनी नज़र से देखते हैं और अधिकतर समय अपने हिसाब से जीने की कोशिश करते हैं, परन्तु सच्चाई तो यही है कि अपनेपन से भी अधिक औरों से अपनत्व जीवन का सार है-

मेरी पूंजी मेरा प्यार
और मिलेगा क्या उपहार
वही आज है वह ही कल
अपने में पूरा संसार

आत्मीयता से बड़ा कुछ नहीं है। मुझे तो सबसे अच्छा घरेलू जीवन लगता है।

वृन्दावन मथुरा गोकुल सब
तीर्थ यहीं हैं घर में
कर ली है परिक्रमा यहीं
क्यों निकलें किसी सफ़र में

घर तो ख़ैर घर है कभी-कभी बाहर के दृश्य भी मन को मंत्रमुग्ध कर लेते हैं। प्रकृति का आकर्षण दिल-दिमाग़ पर छा जाता है। एक बार बारिश का वातावरण देखते-देखते मेरे मन

में भावों की बरसात हो गई–

मन भावन बारिश का ले लो मज़ा ज़रा
बिना बात क्यों रहता है मन डरा-डरा
अपना सारा ख़ौफ़ सौंप दो बारिश को
बह जाएगा डर बनकर क़तरा-क़तरा

इसी प्रकार जो लोग आपदाओं के घेरे में घिरे हुए हैं उनका कष्ट भी मन को विचलित कर देता है।

बुरी तरह से थके हुए जो मिले उन्हें कुछ राहत
थोड़ा तो दु:ख कम हो उनका हों न अधिक वे आहत
कपट असह्य कभी तो उनका थोड़ा पीछा छोड़े
क्यों उनको ही मिले हमेशा पीने को जल खारी

मन तो मन है, उसमें तरह-तरह के भावों की तरंगें उमड़ती रहती हैं। मेरी कविताओं में भी भिन्न-भिन्न प्रकार की मनस्थितियां उमड़ती रहीं हैं।

अलग-थलग मेरी कविताएं अलग-थलग हैं रंग
मेरा अपना अलग तरीक़ा और अलग ही ढंग
बस उनको जीती रहती हूं मैं शब्दों के संग

मैं भाग्यशाली हूं कि मेरी कविताएं पाठकों-श्रोताओं तक पहुंच जाती हैं और मुझे प्राय: यह सुनने को मिलता है कि वे सचमुच ही थोड़ी अलग होती हैं। उनका रूप-रंग सामान्य कविताओं से थोड़ा भिन्न होता है।

प्रमाणस्वरूप 'समकालीन कवयित्रियां प्रतिनिधि कविताएं' नामक कवयित्रियों की कविता-शृंखला के संपादक श्री लक्ष्मीशंकर वाजपेयी जी ने मेरे इस काव्य-संग्रह की भूमिका का शीर्षक 'एकला चलो रे' दिया है। मैं सचमुच हृदय से उनकी आभारी हूं। मेरी कविता की नब्ज़ उन्होंने कितनी गहराई

से पकड़ी है। जीवन में और कहीं चाहे मैं 'एकला' न भी चलूं परन्तु कविताओं में तो मुझे अपने ढंग से एकला चलने की आदत पड़ गई है। मुझे प्रसन्नता है कि मेरे इस एकलेपन को मेरे पाठकों ने पसंद किया है। काव्य-समारोहों में बड़े-बड़े और छुट-पुट लगभग सभी कवियों के अभिनंदन होते ही हैं। इस दृश्य को मैंने अपने इन शब्दों में उतारा है-

अभिनंदन कितने हुए रखना है यदि याद
गिनो 'शॉल' आराम से एक-एक के बाद

यही बात 'मोमेन्टोज़' पर भी लागू होती है। 'लिफ़ाफ़ों की बात अलग है, वे तो चुपके से जेबों में चले जाते हैं।

मेरे इस काव्य संकलन 'अनुगूंज' को छापने का दायित्व डायमंड पॉकेट बुक्स के स्वामी श्री नरेन्द्र कुमार जी ने लिया है। मेरे और कई संकलन भी उन्होंने बहुत ही ख़ूबसूरती के साथ छापे हैं। उनकी यह कृपा मुझ पर बनी रहे, मैं सचमुच हृदय से उनकी कृतज्ञ हूं।

अपने पति कविवर बालस्वरूप राही जी के प्रति भी कृतज्ञ हूं। वह मेरी कविताएं बड़े शौक़ से सुनते हैं मगर इस शर्त के साथ कि मुझे भी उनकी ग़ज़लें और गीत और भी अधिक शौक़ से सुनने होंगे।

सबसे अधिक कृतज्ञ तो मैं अपने पाठकों की हूं जो मेरी कविताएं पढ़कर मेरा हौसला बढ़ाते रहते हैं।

-पुष्पा राही

कविता–क्रम

खुली किताब

हर दिन का है अलग हिसाब
पृष्ठ-पृष्ठ ज्यों खुले किताब
पढ़ो और पलटो पन्ने
ढूंढो उसमें अपने ख़्वाब

ख़्वाब नहीं ढूंढो कुछ और
स्याह रात की उजली भोर
ढूंढो जीवन का उल्लास
या प्रश्नों का सही जवाब

सबकी अलग-अलग पुस्तक
पढ़ो इसे जीवन जब तक
अध्यायों में बंटी हुई
कहीं सही तो कहीं खराब

पुस्तक पर यह गूढ़ गंभीर
कर देती जो कभी अधीर
रहो टटोलते इसकी नब्ज़
बन जाएगी फिर नायाब

लिख लेते जो इसको आप
बन जाते वे अपने बाप
मनचाहा लिख लेते वे
नाम उन्हीं के सभी ख़िताब

पीढ़ियों का अंतर

होनी ही थी नींद ख़राब
आने ही थे घटिया ख़्वाब
बदल गईं हैं परिस्थितियां
बिखर गए हैं सभी गुलाब

चुप हो जाओ बिल्कुल चुप
समझो हुआ अंधेरा घुप्प
प्रश्नों की काटो गर्दन
मिलना फिर भी नहीं जवाब

घूम रहे सब मुंह फेरे
अलग-अलग सबके डेरे
इन्तज़ार हो किस-किस का
सब के सब हो गए नवाब

बढ़ा पीढ़ियों का अन्तर
आपसदारी छूमंतर
संवेदना हुई लाचार
बिगड़ चुके हैं सभी हिसाब

तुम क्यों अपनी जान हतो
बिना बात क्यों मरो खपो
कुछ सुनवाई भी तो हो
ख़त्म हो गए सभी दबाव

हो बुज़ुर्ग यह याद रखो
बढ़ी उम्र का मज़ा चखो
आदेशों के बीते दिन
छिने तुम्हारे सभी ख़िताब

कहां बची तुममें रफ़्तार
पिछड़ोगे ही बारम्बार
सबर करो बैठो घर पर
गया ज़माना वह नायाब

अपना आप संभालो अब
पहले देखा ख़ुद को कब
पढ़ो बैठकर अपने को
फटी-पुरानी हुई किताब

होनी ही थी नींद खराब

शब्दों की नाव

लिखने पर क्या सोच-विचार
लिखो उतारो मन का भार
लिख दो लिख दो जो लिखना
नहीं किसी से लिया उधार

लिख लो कुछ पिछले अनुभव
अगली बातें जो संभव
रोक-टोक तो कहीं नहीं
वर्तमान से जोड़ो तार

कमी कहां है भावों की
शब्दों वाली नावों की
चढ़े रहो उन पर हरदम
मिल जाएगा कहीं कगार

लिखना मानो एक सफ़र
अन्त नहीं है जिसका पर
लहरों पर लहरें अनगिन
ज्यों नभ का विस्तार अपार

लिखना क्या लिखवाता वह
सब कुछ का ही दाता वह
उसने ही तय किया हुआ
किसको देना यह उपहार

लिखने का यदि मिले हुनर
पीलो उसका रस भरकर
फिर बांटो थोड़ा उनको
जिन्हें लुभाती यह रसधार

हां, मुझमें हैं इसके बीज
रखती हूं मैं उनको सींच
शायद कभी अंकुर फूटें
मिले जिन्हें औरों का प्यार

लिखने पर क्या सोच-विचार

❍

मेरी कविताई

मेरी कविताई ने मुझ पर आफ़त ढाई
अब तो जैसे बन बैठी यह मेरी ताई
मैं पीछे हूं यह आगे है कैसे रोकूं
सिर चढ़ बोल रही मेरे इसकी अगुआई

मेरे सब कामों में इसकी दख़लअंदाज़ी
बात-बात पर मार रही यह मुझको भांजी
मेरे हर क्षण हर पल पर है इसका क़ब्ज़ा
इम्तिहान लेती मेरा इसकी गुरुआई

क्या बतलाऊं इससे मेरा कैसा नाता
जैसे कोई लगे छेड़ने आता-जाता
धंसी हुई यह मेरे दिल-दिमाग़ के अंदर
क़दम-क़दम पर झलक रही इसकी तरुणाई

कविता तो मेरा स्वभाव मेरी आदत है
छूटेगी जो कभी नहीं यह ऐसी लत है
यही सखी है यही सहेली हमजोली यह
खोना पाने दोनों में है यही कमाई

प्रतिछाया

पास न होता कोई जब तब कविता होती है
रोती-धोती आंखों के संग वह भी रोती है
एक वही है जो मन को ढांढस बंधवाती है
नहीं छोड़ती साथ-साथ ही जगती सोती है

चलती रहती साथ-साथ मानो प्रतिछाया हो
अपने जैसी लगती जैसे अपनी काया हो
शब्द-शब्द बहती रहती है वह भीतर-भीतर
नहीं बिखरने देती कुछ सब वही संजोती है

बड़ा पुराना रिश्ता इससे सालों पहले का
तुम मुझमें मैं तुममें वाली बातें कह लेने का
कुछ भी छिपा नहीं है उससे मेरे जीवन का
वही धरोहर है अपनी अब वही बपौती है

❍

शब्द हुए बेगाने

शब्द हुए बेगाने मेरे शब्द हुए बेगाने
लगता जैसे देते रहते हैं ये मुझको ताने
मेरे शब्द हुए बेगाने

मेरा सहज-सरल-सीधापन इनको नहीं सुहाता
मेरी साफ़ बयानी में भी इन्हें मज़ा कब आता
चंचलता से भरे कथन अब लगते इन्हें सयाने
मेरे शब्द हुए बेगाने

बदल गए हैं अब मुहावरे बदल गई है भाषा
साथ समय के उमड़ रही है नई नवेली आशा
कौन उन्हें पूछेगा जो इन सबसे हैं अनजाने
मेरे शब्द हुए बेगाने

मेरा हक़

जैसे शिवलिंग पर जलधार
बरस रहा है ऐसे प्यार
पूत पवित्र पावन पीयूष
रोम-रोम ज्यों बहे बयार

लिखा प्यार यह मेरे नाम
मेरा हक़ उस पर अविराम
नहीं बांटने की वह चीज़
उस पर है मेरा अधिकार

यह मेरे चेहरे का नूर
भरा मांग में वह सिंदूर
मेरी सांसें मेरे प्राण
मेरा पर्व और त्यौहार

जब तक वह तब तक हूं मैं
निर्निमेष इकटक हूं मैं
वह ही लक्ष्य वही मंज़िल
वह ही धारा वही कगार

धूप छांव दुख-सुख है वह
मेरा तो सब कुछ है वह
कोई उससे नहीं बड़ा
वह मुझमें ईश्वर साकार

मेरी पूंजी मेरा प्यार
और मिलेगा क्या उपहार
वही आज है वह ही कल
अपने में पूरा संसार

○

अपना सच

होगी दुनिया बहुत बड़ी पर अपनी तो सीमाएं हैं
दुआ-सलाम उन्हीं से है जो रहते दाएं-बाएं हैं
सम्बन्धों की भीड़ लगाकर भी हमको क्या करना है
पाले हैं उतने ही रिश्ते जितने सदा निभाए हैं

जितनी ताक़त दी ईश्वर ने उतनी में ही ख़ुश हैं हम
औरों को कम लगती होगी हमें नहीं पर लगती कम
ऐसा ही स्वभाव है अपना उससे छेड़छाड़ कैसी
धीरे-धीरे चलती हैं जो अपनी वही हवाएं हैं

कविता लिखना ऐसा ही है जैसे आत्मकथा लिखना
शब्दों में भावों में जैसे हो बस वैसे ही दिखना
अपने बारे में सच कहने में हमको परहेज़ नहीं
ऐसे कोई राज़ नहीं जो हमने कभी छिपाए हैं

❍

लड़ते-लड़ते

बीते दशक स्वयं से लड़ते-लड़ते
बढ़ते भी तो फिर आगे कैसे बढ़ते
पथ दीखे जो सब में जाम लगा था
कुछ दूर चले भी तो वह गिरते-पड़ते

वे कहते हैं हौसला बनाए रक्खो
आंखों में भी कुछ स्वप्न सजाए रक्खो
उनसे ही पूछो उन्होंने क्या पाया
फिसले तो होंगे ऊपर चढ़ते-चढ़ते

हैं मनगढ़त बातें सुख से जीने की
अपनी पसंद का पेय ढूंढ पीने की
यह सफ़र ज़िन्दगी का सचमुच बोझिल है
दिन कट जाते पत्थर पर पांव रगड़ते

मिल जाती जिन्हें सहूलियत उन्हें मुबारक
या वे जो खुद को माने बैठे नायक
वे मुट्‌ठी भर अपनी दुनिया बदलेंगे
देखे ही कब उन्होंने पत्ते झरते

ऐसा ही रहा हमेशा यही रहेगा
दुख का समुद्र सुख का जीवन निगलेगा
हम जैसे ही दुनिया में हैं बहुसंख्यक
अपनी औक़ात कहां जो ख़ूब अकड़ते

घड़ा पाप का

अगर ख़िलाफ़ लिखूं भी तो किस-किस के लिखूं ख़िलाफ़
नहीं एक दो लगभग सबको करना होगा माफ़
भंडा-फोड़ूं षड्यन्त्रों का तो किस-किस का फोड़ूं
ऐसा कोई मिला न जिसका दिल गंगा-सा साफ़

यह दुनिया तो घड़ा पाप का कभी न ख़ाली होता
चढ़ी मैल की ढेरों परतें पर कब ख़ुद को धोता
कीचड़ के कीड़े-सा इसको कीचड़ में ही रहना
अच्छाइयों का नहीं बुराइयों का यह बढ़ता ग्राफ़

पलड़ा पापों का ही भारी रहा सदा हर युग में
कोई ख़ास नहीं है ऐसा अपने इस कलियुग में
राम कृष्ण के युग में भी तो महायुद्ध थे भारी
कहां सरलता से लगता है बुरे बुरों को श्राप

बारी-बारी

खुद का बोझा खुद पर भारी
फिरी ज़िन्दगी मारी-मारी
किसी पाप का मिला दंड यह
या है अपनी कारगुज़ारी

या है यह करिश्मा उसका
यह पूरा जहान है जिसका
खेल खिलाता है वह सबको
बारी-बारी बारी-बारी

मुझसे है नाराज़ आजकल
तोल रहा है वह मेरा बल
मैंने अंहकार कब पाला
किस लत से है मेरी यारी?

घीया तोरी टिंडा खाया
कब पकवानों पर मन आया
सीधी-सादी दिनचर्या से
इतनी लम्बी उम्र गुज़ारी

पर परिणाम कहां सुखदायी
दुखदायी ही है दुखदायी
शारीरिक कष्टों ने मिलकर
किया ज़िन्दगी का रस खारी

टूटीं सब आशाएं

धरी रह गईं सभी दुआएं टूटीं सब आशाएं
अपने तन-मन की पीड़ाएं जाकर किसे सुनाएं
वही नहीं सुनता जब जिसने ठीक उन्हें करना है
किसके दर पर जाकर भटकें किसको शीश नवाएं

बेचैनी कुछ ऐसी चैन नहीं लेती पलभर को
और खड़ा कर देती लाकर जाने किस-किस डर को
चक्रव्यूह में फंसी ज़िन्दगी बाहर कैसे निकले
क़दम-क़दम पर वहमों के जालों ने जाल बिछाए

पहले भी ऐसे दिन आए आए चले गए थे
तब भी उनके हाथों से ही हम सब छले गए थे
जाने क्या सूझी उनको जो फिर दस्तक दे डाली
अनदेखा कर उनको कैसे उनसे पिंड छुड़ाएं

हे ईश्वर कुछ करो नहीं बल अब उनसे लड़ने का
या अपनी हिम्मत के बल पर फिर उनसे अड़ने का
केवल तुम्हीं बचा सकते हो इस भारी विपदा से
बढ़ती हुई उम्र में आख़िर कितना बोझ उठाएं

अनहोनी

अनहोनी से लगता है डर
जाने किस क्षण कर दे बेघर
उसके अपने ही निर्णय हैं
बैठी है वह शीर्ष शिखर पर

हम हैं उसके चना चबेना
उसके दिन हैं उसकी रैना
हुक्म चलाती फिरती है वह
वह विराजती सबके सिर पर

वैसे तो हम सर्वश्रेष्ठ हैं
सभी प्राणियों में ज्येष्ठ हैं
पर उसने जो लिखा माथ पर
पत्थर पर लकीर वे अक्षर

क्या तो अहं और क्या रुतबा
सब पर ही मंडराता ख़तरा
अनहोनी के हाथ बिके सब
साम्राज्ञी वह सबसे ऊपर

समय बड़ा बलवान

कभी न कटता काटे से तो कभी लगाकर पंख उड़ा
समय बड़ा बलवान हमेशा अपनी ज़िद पर रहा अड़ा
करवाता आया है हमसे जो करवाना था इसको
कहा बैठने को तो बैठे खड़ा किया तो किया खड़ा

समय नहीं भगवान सामने जिसके करें प्रार्थनाएं
वह तो बहती नदिया है बहना जिसको वह साथ बहे
वह है एक आवाज़ गूंजती रहती है जो कानों में
ख़बरदार जो रुका निरन्तर चल आगे को क़दम बढ़ा

अपनी क्या औक़ात कि उससे प्रश्न करें उत्तर मांगे
या शिकायतों की गठरी उसकी खूंटी पर जा टांगें
वह तो बेपरवाह हमेशा और रहेगा भी आगे
भरा मिलेगा नहीं किसी को वह है रिसता हुआ घड़ा

अपने-अपने हिस्से का है समय सभी को मिला हुआ
कोई सरपट भाग रहा है खुदा किसी के लिए कुंआ
समय कसौटी है उस पर परखो ताक़त सब अपनी
यह भी वह ही तय करता है कौन समय से बना बड़ा

रोड़े

थोड़े रोड़े तुमको भी अटकाने थे
पांव हमारे इधर-उधर भटकाने थे
अच्छे-ख़ासे बीत रहे थे दिन अपने
लेकिन तुमको अफ़साने बनवाने थे

हुई तसल्ली पट्ट पड़े हैं हम तो अब
काम हमारे ठप्प पड़े थे पहले कब
लोग हमें देते रहते थे आवाज़ें
अब हमको जा दरवाज़े खटकाने थे

परमपिता तुम हमने कब इनकार किया
हमने तो अपना सब कुछ ही तुम्हें दिया
डरते रहे कि पाप न हो हमसे कोई
पुण्यों वाले खाते जो खुलवाने थे

मन की गंगा अपनी मैली कहां हुई
अपना दिल तो ऐसा जैसे नरम रुई
कोई लालच लोभ सताता नहीं हमें
हमें कौन किसके हीरे हथियाने थे

बिना बात जो दंड दिया लगता भारी
लुटी पड़ी है हिम्मत सारी की सारी
तुम पर भी विश्वास उठ गया है अब तो
जानबूझ कर बन बैठे अनजाने थे

डीज़िटल शो

कमरा एक कुटुम्ब दो-दो
हल्ला-गुल्ला हो-हो-हो
बच्चों की पलटन तैयार
खेल चल रहा खो-खो-खो

आंख मिचौनी छू-छू-छू
साथ शोर के हू-हू-हू

खुली गली के बीचोंबीच
बच्चों के चलते थे शो

अब बच्चे कमरों में बंद
कम्प्यूटर हैं उन्हें पसंद

मोबाइल पर ढेरों खेल
बच्चों को करते डीज़िटल

भूल गए वे हो-हो-हो
बदल गए सब पहले शो

❍

जन्मदिवस पचासवां

यादों में जुड़ गईं और कुछ यादें
इधर हुए पूरे कुछ पिछले वादे
जन्मदिवस वैभव का गया मनाया
और हो गए पक्के रिश्ते-नाते

जन्मदिवस था ख़ास पचासवां प्यारा
अपना तो वह छोटा राज-दुलारा
वही कभी जो खेला था गोदी में
साथ लोरियां वाली न्यारी रातें

ख़ास जन्म दिन ख़ास चुना होटल भी
पांच सितारा वैभव में वैभवजी
काटेंगे जब केक मज़ा आएगा
नहीं थकेंगे हम सब खाते खाते

यमुना एक्सप्रेस वे पर दौड़ीं कारें
हरियाली के अद्भुत वहां नज़ारे
खुली-खुली सड़कों पर खुली हवाएं
भर ली भीतर हमने आते-जाते

दूर नहीं दिल्ली से ताजमहल अब
इसीलिए आगरा बुलाता जब तब
आई.टी.सीमुगल वहां है न्यारा
होटल पांच सितारा सब बतलाते

मज़े लिए हमने भी इस होटल के
इसे सजाए गए हुनर कौशल के
स्वागत में इसने भी कसर न छोड़ी
क्या-क्या नहीं खिलाया क्या गिनवाते

जन्मदिवस था सचमुच बड़ा अनोखा
प्यार लुटाया सबने अपना चोखा
सौ सालों तक मनता रहे हमेशा
खुश रक्खें प्रभु अपनी कृपा लुटाते
यादों में जुड़ गईं और कुछ यादें

पचहत्तरवां जन्म दिवस : श्रीमती किरण श्रीवास्तव

नाम किरण है किरणों ने सम्मान दिया
चेहरे पर उतरीं आकर श्रृंगार किया
हर्ष बरसता है उनकी मुस्कानों में
मुस्कानों ने सबका ही मन मोह लिया

जन्मदिवस पिचत्तरवां है क्या कहने
हुए इकट्ठे सभी यहां भाई-बहनें
जश्न ज़ोर पर और उमंगें नाच रहीं
ख़ुशियां ख़ुद आई हैं इनके घर रहने

सौरभ, गरिमा, स्वस्ति, समग्र के मन में है उल्लास
उनकी ममता किरण श्री का जन्म दिवस है ख़ास
नीलू बिटिया हुई उपस्थित पहले ही लखनऊ से
सृजन, सुविज्ञ, और राजीव दे रहे उनका साथ

कठिनाइयों से लड़ने की अद्‌भुत क्षमता है उनमें
अद्‌भुत शक्ति भरी ईश्वर ने उनके तन में मन में
वह विश्वास जगा देती हैं भर देती हैं साहस
देर नहीं लगती उनको कर देतीं सब कुछ क्षण में

सौ वर्षों तक जिएं किरण जी रहें स्वस्थ सानंद
रहें बिखेरतीं और गुणों की अपने गंध सुगंध
जीवन उनका आदर्शों की सुन्दर-सी पुस्तक है
उनका अभिनंदन करते हैं मेरे छुट-पुट छंद

❍

बिटिया रानी

अपने घर की है पटरानी बिटिया रानी
देखभाल में रख-रखाव में बड़ी सयानी
चमक रहा है चप्पा-चप्पा कोना-कोना
लिख दी घर की नई कहानी बिटिया रानी

क्या मजाल जो धूल-वूल चीज़ों को छू ले
या मिट्टी की परतें उन पर आटा गूंदे
इंस्पैक्टर-सी रहती है तैनात हमेशा
अपने घर की हुई दीवानी बिटिया रानी

मम्मी, सौरभ, स्वस्ति, समग्र भी ख़ुश हैं बेहद
अपने-अपने कमरों के सब मालिक हैं ख़ुद
साज-सजावट ऐसी तबियत तर हो जाए
सूझ-बूझ में है महारानी बिटिया रानी

सपनों वाले घर में सपने खूब सजाओ
चार चांद ख़ुशियों के उसमें और लगाओ
भरे पुरे घर में जीवन भी भरा पुरा हो
कोई चीज़ न होने पाए यहां पुरानी

मम्मी पापा के आशीष तुम्हारे सिर पर
हो सुख की बौछार हमेशा तेरे घर पर
दुनिया भर की सुख-सुविधाएं जुटें यहां पर
बहें हमेशा यहां बहे ज्यों गंगा पानी बिटिया रानी

अम्मा के नाम

यह कविता अम्मा के नाम
उनको बारम्बार प्रणाम
मेरा बल ताक़त थीं वह
उनमें बसते थे श्रीराम

वह थीं गंगा-सी पावन
गर्मी में जैसे सावन
बरगद की छाया थीं वह
संवरे उनसे सबके काम

सासू मां वह मां जैसी
क्या बतलाऊं थीं कैसी
सागर जैसा उनका प्यार
मिला मुझे हर सुबह-शाम

अपनी बिटिया से बढ़कर
चाहा मुझको अपनाकर
बहू नहीं थी मैं बेटी
मेरा मंदिर उनका धाम

वह थीं मानो मेरा भाग्य
भाग्य नहीं मेरा सौभाग्य
आती जब भी उनकी याद
लगता सूरज उगा ललाम

वरदानों से अशीर्वाद
दिए किया जीवन आबाद
मेरे शत-शत उन्हें प्रणाम
यह कविता अम्मा के नाम

❍

यादों का गुलदस्ता

बहुत दिनों के बाद सफ़र पर निकले हम
परखेंगे यह हममें है अब कितना दम
बहुत दिनों से अब तक था बस घर ही घर
देखेंगे अब थोड़ा बाहर का आलम

बना बहाना सोनी जी की शादी का
दूर नहीं बस चंडीगढ़ तक जाना था
पांच सितारा पार्कप्लाज़ा वेन्यू था
बजने को था ढोल वहां पर ढम-ढम-ढम

बीच सफ़र के बूंदा-बांदी लगी भली
और साथ में गप्पबाजी भी ख़ूब चली
हल्का-फुल्का मूड बिना चिन्ताओं के
फूलों के ऊपर बिखरे जैसे शबनम

श्यामा भाभी लीडर थीं हम सब की ही
उनको रहती बात पता सबके मन की
चांद भाई की मेम साहिबा वह प्यारी
आगे पीछे रहते उनके वह हरदम

बच्चों के संग और सुहाना हुआ सफ़र
खाया-पीया ख़ूब सभी ने भर-भर कर
पुण्या, भव्यम, गर्व, अनन्या, आर्यन
शोर मचाते नाचे–कूदे धम-धम-धम

मिक्की, पूनम, मौनू, अंशू, मौंटू संग
बीच हवेली सबने ख़ूब जमाया रंग
ख़ूब पराठे उड़े भटूरे छोले भी
उसने भी ठूंसे जो खाता कम से कम

मिलन आपसी और सफ़र का मनोरंजन
भर देता है नई शक्ति ऊर्जा से मन
खुली हवाओं में सांसें भी खुली-खुली
कड़क दोपहरी में ज्यों बारिश हो झम-झम

सफ़र नहीं यह यादों का था गुलदस्ता
खाने को मिल जाए कचौड़ी ज्यों ख़स्ता
आलू की सब्ज़ी भी हो हलवा भी हो
और खिलाने वाला 'राही' सा हमदम

श्यामा भाभी

साथ समय के चलना है तो सीखो श्यामा भाभी से
युग के रंग में ढलना है तो सीखो श्यामा भाभी से
ज़िन्दादिली जिसे कहते हैं वह उनमें साकार हुई
गिरकर अगर संभलना है तो सीखो श्यामा भाभी से

नया-नया करने की इच्छा उनको नया बनाती है
पहनो ओढ़ो सजो-धजो का गुर भी वही सिखाती हैं
फोन पुराना छोड़ो पकड़ो टचस्क्रीन को हाथों में
जीवन अगर बदलना है तो सीखो श्यामा भाभी से

फेसबुक वाली दुनिया में वह तो सबसे आगे हैं
हम जैसे बेचारे तो कहलाते बड़े अभागे हैं
पाठ पढ़ाती रहती हैं वह साथ चलो इस दुनिया के
डिज़िटल युग में बढ़ना है तो सीखो श्यामा भाभी से

एक सूत्र में पिरो रही हैं वह सारे परिवार को
उनसे मिलती रहती ख़बरें क्या पढ़ना अख़बार को
जिस महफ़िल में वह होती हैं वह बस उनकी ही होती
मुस्कानों में पलना है तो सीखो श्यामा भाभी से

त्यौहारों का मज़ा दोगुना कर देती हैं पलभर में
उनकी पहुंच बड़ी लम्बी है लगभग सबके ही घर में
उनकी हंसी फुहारों जैसी भिगो रही है सबका मन
मन को देना हो सुकून तो सीखो श्यामा भाभी से

अमीरी बनाम आडम्बर

बनी अमीरी अब आडम्बर
दिखे टॉप पर उसके नम्बर
दिया पछाड़ सभी को उसने
सात सितारा है उसका घर

निकली बंद तिजोरियों से वह
दुबकी पड़ी बोरियों से वह
रंग बिरंगे पंख दिखाती
नाप रही है धरती अम्बर

बड़ी दावतें उसकी शोहरत
मेहमानों का खुलकर स्वागत
खान-पान का भव्य नज़ारा
भरे पेट में ठूंसो भर-भर

सैर-सपाटा उसको भाता
दुनिया का चक्कर कटवाता
उड़ती फिरती वायुयान में
दे चक्कर-चक्कर पर चक्कर

उसे सिर्फ़ है अपनी परवाह
पूरी करनी बस अपनी चाह
वह केवल दिमाग़ से चलती
छोड़ीं नदियां चुना समन्दर

छिपी-छिपी-सी थी वह पहले
जेसे कोई इकला रह ले
अब अपने जलवे पर जलवे
दिखा रही है सबको जमकर

देखो जहां वहीं पर दिखती
बाज़ारों की क़िस्मत लिखती
पटी पड़ीं उसकी सौगातें
इतरातीं अपनी ख़रीद पर

होगी कहीं ग़रीबी होगी
वह जाने जिसने वह भोगी
छिपी ग़रीबी कहीं बिचारी
भूखी प्यासी जीती मर-मर

यह युग तो अब बना नुमाइश
मंहगी चीज़ों की फरमाइश
सस्ती बैठीं है सिर पकड़े
सता रहा निलामी का डर

बनी अमीरी एक तमाशा
यह ही तोला यह ही माशा
चुंधियाई आंखों से देखो
चुंधियाता इसका आडम्बर

और चाहिए क्या

कंधे पर है हाथ तुम्हारा और चाहिए क्या
पास-पास का साथ तुम्हारा और चाहिए क्या
यह सौगात मिली ईश्वर से धन्यवाद उसका
रोम-रोम कृतार्थ हो गया और चाहिए क्या

जीने की शर्तों का क्या है चलती रहती हैं
इच्छाओं का भी क्या है मन में पलती रहती हैं
रहे सदा पटरी पर गाड़ी करती छुक-छुक-छुक
यहीं स्वार्थ परमार्थ हमारा और चाहिए क्या

और चाहिए क्या हां थोड़ा प्यार चाहिए और
सपनों वाली रातें अनगिन और सुहानी भोर
दिन यूं बीतें जैसे उत्सव मना रहे हैं हम
घर ही मंदिर घर गुरुद्वारा और चाहिए क्या

एक फ़ैसला और चाहिए बांटें थोड़ा प्यार
औरों से भी ले लें थोड़ा और बढ़े रसधार
रिश्तों को रिश्तों से सींचे रिश्तों वाला जल
ऐसे हो सबकी पौबारा और चाहिए क्या

बिन जोड़ी के

अभी चाहिए कई दिनों का साथ
अभी घूमना हाथों में ले हाथ
उम्र घटे चाहे पर बढ़ता प्यार
है परमार्थ यही यही है स्वार्थ

हमको लगती है यह दुनिया अच्छी
औरों को होगी झूठी अपने को सच्ची
लिया दिया सब इसका हमको भाया
सब बातों में यही बड़ी है बात

रोना हंसना साथ-साथ मंज़ूर
लेकिन सहन न होता रहना दूर
एक घोंसले के हम पक्षी दो
दोनों ही हैं इक दूजे के नाथ

बिन जोड़ी के दुनिया बेमतलब
यही सृष्टि का नियम यही सब कुछ
दुनिया सबकी अपनी अलग-अलग
इस पर नहीं चलेगा वाद-विवाद

जब भी सोचा

जब भी सोचा तुमको सोचा
चाहे जैसा भी हो मौक़ा
भला बुरा किस्मत के लेखे
उसको किसने कब है रोका

तार जुड़े हैं इक-दूजे से
लगते प्रश्न सभी बूझे से
जिनके उत्तर नहीं मिल रहे
कभी मिलेगा उनको मौक़ा

सबकी अपनी अलग कहानी
यह दीवाना वह दीवानी
अलग-अलग है सबका खेला
मिली जीत या खाया धोखा

आगे-आगे क्या है होना
पाना है या फिर है खोना
सौंपा आने वाले कल को
अपना दावा कहीं न ठोका

शब्द से परे

प्यार तो इतना कि जैसे उमड़ता सागर
मैं भरूं कैसे कि मेरी छुटपुटी गागर
आंख में भी भरूं कैसे छलकती है वह
मन कि जैसे बाढ़ में डूबा उसे पाकर

मैं नहीं हूं बस वही है जिस तरफ़ देखूं
करूं चाहे कुछ नहीं बैठूं कि या लेटूं
है विचारों में वही है आचरण में वह
वह हुआ साकार मुझ में मुझी में छाकर

वह परे है शब्द से कैसे करूं वर्णन
बृहत् इतना है समाहित उसी में कण-कण
वह अलौकिक एक अनुभव अद्वितीय अद्भुत
बस जहां बस है जहां आनन्द रत्नाकर

पा लिया सर्वस्व मैंने ज्यों उसे पाकर

बीता कल कब बीता है

यह दिन आज तुम्हारे नाम
कभी और बाक़ी सब काम
दोहराते हैं वे यादें
जिन पर कभी न लगा विराम

बीता कल बीता कब है
वैसे का वैसा है अब
चित्र खिंचे हैं आंखों में
घटनाक्रम के दृश्य तमाम

शब्दों से ऊपर हैं ये
धंसे प्राण में स्वर हैं वे
सब कुछ हैं बस सब कुछ वे
वे अपनी पूजा अविराम

जीवन-साथी ही जीवन
वह ही है तन-मन धन
हो जाता आसान सफ़र
रोक-टोक बिन लगे लगाम

यह दिन आज तुम्हारे नाम

बसन्त बहार

कूट-कूट कर भरा हुआ है प्यार
इसका कैसे क्या करना इज़हार
यह तो वह है जो हम ही तो हैं
नस-नस में ज्यों बहे रक्त की धार

यह तो है परछांई दाएं-बाएं
चलें साथ में इसके अपने साए
तब तक है यह जब तक हम ज़िन्दा
हर क्षण मनता सांसों का त्यौहार
कूट कूट कर भरा हुआ है प्यार

यह अपना है बिल्कुल अपना है
अपना सब कुछ अपना सपना है
बीज कभी था बना पेड़ यह अब
सदा-सदा के लिए बसन्त बहार

कूट कूट कर भरा हुआ है प्यार

आगे देखेंगे

जब तक ज़िन्दा हैं तब तक तो ज़िन्दा हैं
आगे की फिर आगे देखेंगे

अपनी ही तारीफ़ें अपनी निन्दा हैं
आगे की फिर आगे देखेंगे

हमें कौन-सा महल बनाकर रहना है
आगे की फिर आगे देखेंगे

साधारण जीवन का भरा पुलिन्दा हैं
आगे की फिर आगे देखेंगे

पुरस्कार, पद, शोहरत उनका धंधा है
आगे की फिर आगे देखेंगे

पास हमारे तो कुछ गीत चुनिन्दा हैं
आगे की फिर आगे देखेंगे

उड़ता जो अपनी मर्ज़ी से सुखी परिन्दा है
आगे की फिर आगे देखेंगे

पापड़ बेलेंगे

जैसे रक्खोगे रह लेंगे
सब कुछ भुगतेंगे सहलेंगे
जीवन यह उपहार मिला है
एक खिलौना है खेलेंगे

तुमसे अब क्या करें शिकायत
तुम करने से रहे रियायत
भेजा जो लिखकर मस्तक पर
उसके ही पापड़ बेलेंगे

दुनिया के तो बड़े रंग हैं
उसके अपने अलग ढ़ंग हैं
कभी-कभी लगती बदरंगी
बदरंगों को भी झेलेंगे

हीरा जन्म अमोल गंवाया
खोया सदा नहीं कुछ पाया
जर्जर छकड़े-सा है जीवन
ज्यों-त्यों कर इसको ठेलेंगे

जीवन भर पापड़ बेलेंगे

❍

मैं चाणक्य नहीं

राजनीति के दांव-पेच कविता को कैसे सिखलाऊं
मैं चाणक्य नहीं हूं शब्दों को यह कैसे समझाऊं
सीधे-सादे रस्तों पर सीधे-सीधे ही चलती हूं
टेढ़े रस्तों के जालों में कैसे खुद को उलझाऊं

कमी नहीं है उन लोगों की जिनको चलना है टेढ़ा
जिनको सिर्फ़ मिठाई खानी लड्डू बर्फ़ी या पेड़ा
जिनकी भूख निरन्तर बढ़ती शान्त नहीं होने पाती
दाल-भात खाने वाली मैं उनसे कैसे टकराऊं

मेरा तो सिद्धान्त यही है लिखो वही जो हृदय छुए
उन्हें पकाने से क्या फ़ायदा हज़्म न हों जो मालपुए
करे ख़राब हाज़मा सबका ऐसी कविता क्या लिखनी
मुझको तो लिखनी है वह जो मैं औरों तक पहुंचाऊं

कुछ बातें

कुछ बातें ऐसी होतीं जो बस अपने से होती हैं
अंदर-अंदर हंसती या वे अंदर-अंदर रोती हैं
जगती ही रहती हैं हरदम नहीं कभी भी वे सोतीं
उनका अपना ही हिसाब है कुछ पातीं कुछ खोती हैं

धंसी हुई हैं अंदर वे ज्यों रक्त बह रहा नस-नस में
करतीं ख़बरदार साथ में सदा दिलाती हैं क़समें
वे हैं ऐसी राज़ खुलेंगे नहीं कभी जो जीवन भर
ख़ुद ही उन्हें काटना उनको जिसे स्वयं वे बोती हैं

चाहे कोई कुछ भी पूछे उन्हें बोलना नहीं कभी
हैं वे एक पोटली ऐसी जिसे खोलना नहीं कभी
उन्हें संभालकर रखना मुश्किल और गंवाना भी मुश्किल
अपना भार स्वयं ही हैं वे और स्वयं ही ढोती हैं

क्या कर गुज़रेंगी ये बातें इसका पता नहीं चलता
कभी किसी तो कभी किसी सांचे में इनका दिन ढलता
कभी ज़्यादती करतीं ख़ुद से कभी छोड़ देतीं आज़ाद
यही सोचतीं बीना कूड़ा या फिर बीने मोती हैं

इन बातों का मिर्च मसाला भीतर-भीतर ही चख लो
दिल के बक्से में बंद करके इन्हें छिपाकर ही रख लो
हवा न लगने दो बाहर की पता नहीं क्या कर बैठें
अपने भीतर के मैलेपन को ये ख़ुद ही धोती हैं

कल की कल देखेंगे

कल की कल देखेंगे पहले तो निपटाओ आज
पिछला भी पिछला है देगा नहीं कभी आवाज़
तैयारी क्या करनी सम्मुख आए जो वह कर लो
कौन यहां पर राजा बनकर करना हमको राज

बचपन से बेले हैं पापड़ आगे भी बेलेंगे
क्रिकेट खेलना कब सीखा अब भी पिट्ठू खेलेंगे
हमने तो यथार्थ भोगा है देखे हैं कब सपने
ताज नहीं हमने जीवन भर ढूंढा सिर्फ़ अनाज

जीवन में है बड़ी विविधता हमें नहीं कुछ ज्ञात
लगभग जिया एक सा जीवन ख़ास नहीं कुछ बात
होगी रंग-बिरंगी दुनिया अपनी तो इकरंग
सुनी एक धुन केवल हमने कहां बजाए साज

चिन्ता नहीं भविष्य की हमको करके भी क्या करनी
हमें बाल्टी अपनी जल से रोज़-रोज़ है भरनी
रोज़ नहाना-धोना खाना-पीना भी है रोज़
जैसे भी हैं पर अपने से होना नहीं नाराज़

ईश्वर के आगे भी हर क्षण क्या झोली फैलानी
उसको तो जो करना करता उसकी अलग कहानी
हमको तो अपने से मतलब करना जो वह करना
बस उसको करते रहने का करते रहें रियाज़

छोड़ो जी

छोड़ो जी अब तुमसे करनी क्या विनती
भक्तजनों में नहीं हमारी अब गिनती
पापी हैं पहले दर्जे के शायद हम
वरना इतनी बड़ी सज़ा फिर क्यों मिलती

सब कुछ ही करते हो अपनी मर्ज़ी से
नहीं पिघलते कभी किसी की अर्ज़ी से
नहीं रियायत करते देते दंड कड़ा
कौन प्रार्थनाओं की बैठ करे गिनती

न्याय तुम्हारा सबके लिए पहेली है
उससे पूछो जिसने पीड़ा झेली है
दुख का पलड़ा भारी सबके जीवन में
सुख की स्वर्ण लकीर कभी भी क्या खिंचती

तुम पर अपना क्रोध निकालूं मैं कैसे
मिल जाएंगे यहां सैकड़ों मुझ जैसे
मिला न तुमसे उत्तर कभी सवालों का
रोटी सदा तुम्हारी टेढ़ी क्यों बिलती

छोड़ो जी अब तुमसे करनी क्या विनती

परिक्रमा

वृन्दावन मथुरा गोकुल सब तीर्थ यहीं हैं घर में
कर ली है परिक्रमा यहीं क्यों निकलें किसी सफ़र में
हम बन गए कबीर नहीं अब चिन्ता रही किसी की
अब तो अटके प्राण हमारे गोवर्द्धन गिरिधर में

जिसको भी करना हिसाब वह करले हमसे आकर
है उधार अगर हम पर तो ले जाए बतलाकर
बचा-खुचा जो भी कुछ है वह भी अब नहीं हमारा
नया ढूंढना है कुछ जाकर अब तो उसके दर में

देखभाल ली दुनिया भी अब उससे भी उचटा मन
तन को लें तो वह भी कितने दिन रहता अपना तन
तन की अपनी ही मजबूरी कब तक साथ निभाए
एक नदी-सा है वह तो उसको मिलना सागर में

भक्तिभाव से लिखा सभी कुछ वह ही मेरा जीवन
जिसने दिया हुआ है जीवन उसको ही अब अपर्ण
लगने लगी निकटता उसकी नस-नस रोम-रोम में
बचा मिलाना स्वर अब अपना केवल उसके स्वर में

आत्म और पर

घर के अंदर भी तो घर है
वह मेरे दिल के अंदर है
क्यों बतलाऊं क्या है उसमें
शत प्रतिशत वह मेरा स्वर है

इर्द-गिर्द रहता वह मेरे
अच्छे लगते उसके फेरे
रहतीं उसकी मुझ पर नज़रें
वह दिन भर है आठ पहर है

उसकी अपनी ही गतिविधियां
अपना खाता अपनी बहियां
जमा खर्च वह बस अपना ही
मतलब अपने पर निर्भर है

नहीं निक्कमा बड़ा व्यस्त है
नहीं अनाड़ी सिद्धहस्त है
चहल-पहल का भरा ख़ज़ाना
कभी इधर तो कभी उधर है

दोनों ही घर मेरे अपने
जैसे आंखों के दो सपने
इक-दूजे के लिए बने ये
जैसे सागर और लहर है

जीवन के दो अलग रंग ये
जीने के दो अलग ढंग ये
एक दूसरे के पूरक ये
एक आत्म तो दूजा पर है

विरह

ज़िन्दगी पीछे पड़ी है बेवज़ह
हम मनाएं भी इसे तो किस तरह
आज तक इसने कहा जो वह किया
अब न जाने क्यों इसे भाया कलह

उलझनों के जाल बुनती जा रही
भंवर में भ्रमजाल के उलझा रही
छोड़ती ही जा रही है साथ यह
किस घड़ी हमसे करेगी यह सुलह

बिखर जाएगी किसी दिन देखना
देखता रह जाएगा मन अनमना
तन सहायता मांगता रह जाएगा
नियति को मंज़ूर अब इससे विरह

बारिश अंदर बाहर

मनभावन बारिश का ले लो मज़ा ज़रा
बिना बात क्यों रहता है मन डरा-डरा
अपना सारा ख़ौफ़ सौंप दो बारिश को
बह जाएगा डर बनकर क़तरा-क़तरा

बाहर क्यों अंदर भी होती है बारिश
मन ही तो होता उसका वारिस
उसके ज़िम्मे करो काम कुछ ऐसे से
धुल जाए भीतर का सारा ही कचरा

बारिश है तो कभी बाढ़ भी आती है
वह जाने क्या-क्या को संग बहाती है
आने दो उसको भी बीचों-बीच कभी
नए अनुभवों का सोना हो जाए खरा

भीगे-भीगे मौसम में भीगी कविता
लिखने में आ जाता है कुछ अलग मज़ा
आंसू से तर हो जाता है शब्द-शब्द
भावों का उपवन हो जाता हरा भरा

बारिश से दोस्ती बड़ी ही प्यारी है
यह है बढ़िया मित्र बड़ी ही न्यारी है
बाहर की बारिश तो भिगो रही तन को
अंदर वाली से तो रोम-रोम निखरा

❍

सर्दियों की धूप

तन सिका जब धूप में तो मन हुआ शीतल
सर्दियों की धूप के कितने सुखद ये पल
कम नहीं वरदान से जो मिल रहे हैं ये
और मुझको चाहिए कुछ भी नहीं बिल्कुल

साथ हूं मैं धूप के औ' धूप मेरे साथ
ज्यों करे आराम कोई हाथ में ले हाथ
स्पर्श उसका यूं कि पहना रेशमी परिधान
या कि ढक दे मख़मली बेहद नरम आंचल

हो खुला आंगन पसारे पैर आकर धूप
क्या ग़ज़ब का निखरता घर द्वार का फिर रूप
चहल क़दमी धूप की छत पर अगर हो जाए
पांव उसके चूम लो जब तक चले हलचल

सर्दियों की धूप जैसे बैंक में खाता
या किसी से प्यार का अनमोल-सा नाता
एक गर्माहट बसी जो भीतरी तन तक
छुअन ऐसी ज्यों खिलें चारों तरफ़ शतदल

पानी में पानी

फिर से उभरी याद पुरानी
सागर तट की वही कहानी
पहले पहल दिखा यूं सागर
पानी में डूबा ज्यों पानी

वह अनंत की कथा सारीखा
लहर-लहर में अमृत वाणी
घंटों बैठे तट के ऊपर
थकीं न आंखें पर दीवानी

नभ नतमस्तक उसके आगे
दीखा करते प्रेम बयानी
गागर कहां, कहां वह सागर
गागर में सागर बेमानी

सागर जाने वह क्या-क्या है
गहराई उसकी उसने ही जानी
जल-विस्तार अनोखा है वह
महिमा जाए न कभी बखानी

फिर से उभरी याद पुरानी

दर्द बेदर्द

बैठने में लेटने में स्वर्ग है
और चलना पापकुंभी नर्क है
रोज़ ही हम दे रहे यह इम्तिहान
स्वास्थ्य का बेड़ा हुआ यूं ग़र्क़ है

क्या कहें किससे कहें कैसे सहें
और हम भी बाढ़ में कितना बहें
ज़िन्दगी का रूप यह क्या रूप है
आज में कल में भयानक फ़र्क़ है

सब सवालों से परे है ज़िन्दगी
बेतुकी-सी लग रही है बंदगी
सच वही है घट रहा जो सामने
फ़ेल उसके सामने हर तर्क है

गिले शिकवे स्वयं से भी क्यों करें
भाग्य में लिक्खे हुए से क्यों डरें
भोगना है जो उसे है भोगना
दर्द अपना ही हुआ बेदर्द है

हूं निराश मैं

जैसी हूं वैसी ही हूं मैं इससे अच्छा अब क्या होना
नहीं हाथ में जब कुछ अपने काहे का फिर रोना-धोना
जैसे गुज़र रहे हैं अब वैसे ही गुज़रेंगें आगे दिन
मिलना क्या है लिखा भाग्य में तो बस खोना ही है खोना

हूं निराश मैं हां निराश हूं धोखा हैं सारी आशाएं
बरसों पहले बदली थीं अपने जीवन की परिभाषाएं
जिनमें हिम्मत नहीं कहां से पैदा कर लेंगे वे हिम्मत
बंजर जब हो जाए धरती कुछ भी क्या फिर उसमें बोना

आंसू का तो काम यही है उनको तो बहना ही बहना
उमड़ रहा हो जो भी मन में कह-कह कर उसको ही कहना
मुझे सहारा है कविता का मेरा दर्द समझती है वह
बस केवल उसको ही आता मेरे मन को हर पल धोना

शायद वह उबार ले मुझको दे दे थोड़ी-सी वह ताक़त
थोड़ा हल्का-फुल्का कर दे कम कर दे जो आई आफ़त
शब्दों के मरहम से शायद भर जाएंगे घाव हुए जो
वरना तो यह बोझिल जीवन पता नहीं कब तक है ढोना

❍

कुविचार

हुए समझ से परे विचार
ये विचार हैं या कुविचार
दिल-दिमाग़ को करते ध्वस्त
बड़ी भयानक इनकी मार

इनके क़ाबू में मस्तिष्क
चलती इनकी बक-बक-बक
नकरात्मक की ओढ़े खाल
हर क्षण करते रहते वार

टेढ़े-मेढ़े ये विद्रूप
बड़े भयानक बड़े कुरूप
करते रहते ये भयभीत
उफने ज्यों नदिया की धार

इनके हत्थे चढ़ता जो
हर क्षण ख़ुद से लड़ता वह
तहस-नहस कर देते हैं
इनके बेतरतीब प्रहार

अजब ग़ज़ब वहमों की भीड़
बन जाती है इनका नीड़
ये सेते अपने अंडे
उनके लिए वही घरबार

हुए समझ से परे विचार

रोना-धोना

उनके लिए दुआ करती हूं जिनका दुख है भारी
वैसे तो सारी की सारी दुनिया दुख की मारी
देखो जिधर उठाकर आंखें दिखता रोना-धोना
जाने ईश्वर ने क्या सोचा रच दी दुनिया न्यारी

अचरच तो यह इसको रचकर ख़ुद कर लिया किनारा
उसके ज़िम्मे और काम हैं वह क्या करे बिचारा
आए हैं जो हम दुनिया में ख़ुद ही ख़ुद से जूझें
करते रहें बैठकर बस लड़ने की ही तैयारी

जिनको हंसने को मिल जाता हैं वे क़िस्मत वाले
उनके लिए दुआ है उनके छिनें न कभी निवाले
खुशियों की बारात सजाएं बनकर बैठें दूल्हा
पर उनकी भी सोचो जिनकी ख़ुशियां रहतीं क्वांरी

बुरी तरह से थके हुए जो मिले उन्हें कुछ राहत
थोड़ा तो दुख कम हो उनका हों न अधिक वे आहत
कपट असह्य कभी तो उनके उनका पीछा छोड़ें
क्यों उनको ही मिले हमेशा पीने को जल खारी

❍

ईर्ष्या

अपने को भी कब तक देते रहें चुनौती
कौन हमें मिलने वाले हैं हीरे मोती
कंगाली लिखवाकर आए हैं माथे पर
साड़ी नहीं, मिलेगी फटी-पुरानी धोती

ईर्ष्या तो होती है सम्पन्नों से वैसे
बड़े मज़े से जीते हैं वे कैसे-कैसे
दुनिया-भर के ऐश और आराम भोगते
मन जाती है उनकी तो हर एक मनौती

क़िस्मत से समझौता भी तो बड़ा कठिन है
बेचैनी का मारा मन करता क्रन्दन है
देख लिया रोकर भी कब हुई तसल्ली
अपना ही जीवन मांगे अपने से आप फिरौती

देख रहे हैं कब से होता हुआ तमाशा
ऐसा ही चलना है इसको बनी न आशा
अपने पर भी दोष मढ़ेंगें आख़िर कब तक
अपराधों में लगातार हो रही बढ़ौती

❍

ओंकार

नस-नस में वह बह रहा रोम-रोम साकार
हुआ समाहित वह मुझमें अद्‌भुत एकोमकार
वह अनुभव की चीज़ है गूंगे का गुड़ ज्ञान
मेरा है वह सर्वप्रिय सर्वश्रेष्ठ ओंकार

आत्मतत्त्व ओंकार है, आत्मज्ञान ओंकार
इससे आगे कुछ नहीं यह ही जीवन-सार
ज्ञान ध्यान वरदान यह यह हीरों की खान
सचिदानंद स्वरूप यह जिसका आर न पार

उच्चारण ओंकार का देता शक्ति अपार
भीतर बाहर गूंजता रहता बारम्बार
धुल जाते हैं पाप सब मिट जाते हैं क्लेश
धुल जाता ओंकार में अहितकर अंहकार

❍

ज़रूरतों से ऊपर

अब अपने बारे में भी कितनी बार लिखें
परतें उधेड़ कर अपनी कितनी बार सिलें
कह तो यह दिया कि हम तो बस हैं ऐसे ही
भेस बदलकर क्यों अपने से अलग दिखें

जैसे रहते हैं बस वैसे ही है रहना
जो कहते हैं बस केवल वह ही है कहना
दुनिया में तो जाने क्या-क्या होता रहता
हम टिके हुए हैं जहां वहीं उस जगह टिकें

कुछ कर गुज़रेंगे ऐसा भी होगा न कभी
जो किया क्या पता वह भी करते रहें सही
हां, अपने ढंग से जीने का संकल्प लिया
हम सब ज़रूरतों से ऊपर किसलिए बिकें

❍

उसकी मर्ज़ी

मर्ज़ी तो उसकी चलती है अपनी क्या औक़ात है
समझ आ गया है जब से यह बहुत बड़ी यह बात है
अहंकार ने किया किनारा निकल गई सब अकड़-वकड़
सीख लिया जब से यूं जीना जीना बनी सौगात है

अपने को अपने से बड़ा मानना छोड़ दिया जब से
बड़ा सुकून बड़ी राहत है बड़ा हौसला है तब से
इच्छाओं ने जाल समेटा दुबक गईं हैं यहां वहां
फ़र्क़ नहीं पड़ता हमको अब दिन है या फिर रात है

क्या करना है जोड़-जाड़कर क्या करना है घर भर कर
आवश्यकता से ज़्यादा लादें क्यों बोझा अपने सिर पर
हो सामान अगर हल्का तो हो जाता आसान सफ़र
आए भी थे ख़ाली जाना भी तो ख़ाली हाथ है

किसी और ने नहीं, सिखाया है हमको ख़ुद जीवन ने
राह दिखाई है यह हमको ख़ुद-ब-ख़ुद अपने मन ने
दीख रहा है लक्ष्य सामने मंज़िल ज़्यादा दूर नहीं
उलझाता था कभी खत्म अब सारा वाद-विवाद है

○

कल्पवृक्ष

यह कहने की चीज़ नहीं है बस अनुभव की चीज़ है
और नहीं कोई केवल हम दोनों के ही बीच है
होगी दुनिया बहुत बड़ी हो हमको क्या लेना-देना
हमको तो बस प्यार सभी कुछ बाक़ी सब नाचीज़ है

क्या करनी परिभाषा इसकी क्या देना है नाम इसे
दिल के अंदर है यह दिल में करने दो आराम इसे
दिखलावा क्या करना बंद तिजोरी में आभूषण यह
ज़्यादा क्या कहना हमको यह मंदिर की दहलीज है

यह है तो हम हैं बिन इसके जीवन ही बेमतलब है
जो भी है यह बस इसके बल पर ही बाक़ी सब है
गति है सुर-लय-ताल सभी कुछ भरा ख़ज़ाना ऊपर तक
यह जो प्यार मिला है हमको कल्पवृक्ष का बीज है

यह होता आंदोलित भीतर लहराए ज्यों गंगाजल
धो देता जो सारे कल्मष ऐसा निर्मल यह बादल
प्रेम सरोवर में डुबकियां लगाते जैसे आजीवन
कर देता जो त्याग सभी कुछ ऐसा ऋषि दधीच है

❍

कटखने दिन

होंगे बड़े कटखने दिन जो आने वाले हैं
हमें फंसाएंगे निश्चित मकड़ी के जाले हैं
छीनेंगे सारी सुविधाएं तकलीफ़ों को लाएंगे
बरसेंगे बेखौफ़ अरे ये बादल काले हैं

चहल-पहल को कर समाप्त एकाकीपन देंगे
बे-रौनक़ करके दिनचर्या बदला सा लेंगे
आना तो तय उनका नहीं रुकेंगे रोके से
साथ बहा ले जाएंगे बरसाती नाले हैं

उनकी तो तैयारी पूरी हमको पर करनी
अपने बल की ख़ाली गगरी हमको है भरनी
लम्बी बड़ी लड़ाई उनसे लड़नी ही होगी
वे हैं तेज़ तर्रार और हम भोले-भाले हैं

अपनी मर्ज़ी के दिन मिलना अब आसान कहां
छूट गए हैं वे सब पीछे ढूंढें कहां यहां
वर्तमान के साथ भविष्य भी लगता है धूमिल
सब मुंह फेरे बैठे हैं जितने रखवाले हैं

❍

क्यों आती है?

चलो एक चिन्ता से पीछा छूट गया
आती ही रहती हैं करतीं नहीं दया

होती हैं कुछ मौन, मुखर होती हैं कुछ
कुछ आंसू पी जाती हैं रोती हैं कुछ
उनसे झगड़ा करके भी कुछ लाभ नहीं
क्यों आती हैं उनसे पूछें भी तो क्या

ये अगण्य हैं इनकी क्या करनी गिनती
और व्यर्थ है इनसे करनी भी विनती
ये कसती हैं सबको अलग कसौटी पर
कभी बख़्शतीं, छलतीं कभी बनकर छलिया

जीवन है तो चिंताएं भी होंगी ही
रो-धोकर ही सही जाएंगी भोगी भी
लेकिन जो परवाह नहीं करते इनकी
इनसे लड़ना उनके लिए कब हुआ नया

❍

ऊब

दिन रहता है ख़ाली ख़ाली
चलती रहती ख़ांमख़याली
इधर-उधर की बेमतलब की
बातें सब नौटंकी वाली

व्यस्त रहो तो अलग मुसीबत
पस्त रहो तो अलग फ़ज़ीहत
किंकर्तव्य विमूढ़ हृदय की
घटिया-सी यह सोच प्रणाली

दुनिया से क्या लेना देना
उसका अपना चना चबेना
अपनी इच्छा अपनी चाहत
अपना साला अपनी साली

आफ़त तो अपनी है आई
कैसे समय गुज़ारें भाई
चौबिस घंटे वाले दिन की
कैसे बैठ करें रखवाली

अपने से भी अब तो ऊबे
जाने किस गड्ढे में डूबे
कुछ तो हो जो मन को भाए
खिले फूल-सी मन की डाली

यही सही

कब से खांस रही हूं जाने, यही सही
देता रहता है तन ताने, यही सही
मैंने तो हर क्षण इसकी सेवा ही की
इसको समझ न आए मायने यही सही

चाट पकौड़ी कभी उड़ाई क्या भर-भर
गप्पे गोल कभी गटके क्या भर-भरकर
घीया-तोरी दाल-भात पर सबर किया
खों-खों के पर कई बहाने यही सही

कौन एलर्ज़ी घुसी कहां से वह आकर
कारण पता नहीं चलने देती है वह छाकर
मौसम के संग यह भी देती है झटके
डाक्टर बनते बड़े सयाने यही सही

यह असाध्य है मैंने तो अब मान लिया
इसने पीछा नहीं छोड़ना जान लिया
नहीं प्रार्थना करनी कोई मुझको अब
लगी हुई यह मुझे सताने यही सही

ईश्वर को क्या पड़ी कि मेरा दुख समझे
उसके अपने काम कई दुनिया-भर के
क़िस्मत ने कब साथ दिया जो अब देगी
जाए किसे कौन समझाने यही सही

❍

सम्मान अपमान

क्या तो अब सम्मानित होना
क्या अपमानित होना
अपने लिए बराबर दोनों
क्या पाना क्या खोना

देख लिए है बड़े तमाशे
देख लिए छोटे भी
ढूंढ रहा दिल मिल जाए
कहीं अकेला कोना

कभी-कभी तो दिनचर्चा भी
दुश्मन बन जाती है
पता न चलता कब है जगना
कौन समय है सोना

झूठ निगल जाता है सच को
कई बार यह देखा
लगता है दुष्टों का हर क्षण
चलता जादू-टोना

कैसे पढ़ें भाग्य को
वह तो छिपा हुआ मस्तक में
इसीलिए है व्यर्थ काल्पनिक
इच्छाओं को ढोना

अब तो सिर्फ़ बनी बेचैनी
और बची घबराहट
मकड़जाल में फंसे हुए
प्राणों का सुनकर रोना

क्या तो अब सम्मानित होना

क्या तो जीना

जैसे रक्खोगे रह लेंगे
जितने कष्ट दिए सह लेंगे
तुमसे क्या शिकायतें करनी
ख़ुद भुगतेंगे ख़ुद झेलेंगे

कभी इनायत की क्या हम पर
जिए सदा ही तुमसे डरकर
ख़ौफ़ समाया रहा हृदय में
कौन पाप हमको जकड़ेंगे

क्या तो जीना क्या तो मरना
लगता ज्यों जुर्माना भरना
बार-बार का जन्म-मरण यह
आख़िर किस दिन हम उबरेंगे

थोड़ा-सा तो तुम भी बदलो
ख़ाली झोली में कुछ भर दो
सहनशीलता ख़त्म हो रही
कितने पाश और जकड़ेंगे

अस्सी साल

उम्र हो गई अस्सी साल
रक्खो अपना और ख़्याल
मेहरबान है ईश अभी
कुछ दिन और उड़ाओ माल

चित्रगुप्त है व्यस्त कहीं
उसे हमारी याद नहीं
बड़े मज़े में हैं हम तो
खाते-पीते रोटी दाल

चल फिर लेते हैं थोड़ा
रोग मारते कम कोड़ा
ढो लेते हैं अपना भार
बने हुए ख़ुद अपनी ढाल

क्यों पूछें कब तक ज़िन्दा
जब तक हैं तब तक ज़िन्दा
हम क्यों कहें कि बोनस यह
क्या मालूम लिखा क्या भाल

जो कुछ भी है बेमोल
उसका नहीं कहीं भी तोल
क्या पाया क्या है खोया
हम को करने नहीं सवाल

जिसने दिया हमें जीवन
उसकी मर्ज़ी जितने दिन
जीवन मरण उसी के हाथ
क्यों हम हों इतने बेहाल

सफलता

पहले मेरे घर में था वह अब औरों के घर में
रहता है अब वहां मज़े से सज के और संवर के
पिछले दिन वह भूल गया जब बिना पलंग सोता था
अब गद्दे मिल गए गुदगुदे वह भी महानगर में

पहले था बच्चा वह भोला-भाला प्यारा-प्यारा
तुतलाता था जब वह लगता था तब सबसे न्यारा
भूला बचपन अब तो उस पर नशा चढ़ा यौवन का
पांव नहीं पड़ते धरती पर उड़ता है अम्बर में

लगती है बोलने सफलता जल्दी सिर पर चढ़कर
पहनाने लगती है ख़ुद को स्वर्ण आभूषण गढ़कर
नशा सफलता का अब उसके सिर चढ़ बोल रहा है
दिल-दिमाग़ में भरी अमीरी अहंकार हर स्वर में

❍

गाने बेगाने

गाने भी बेगाने हैं अब
लगते सब मनमाने हैं अब
उलटे-सीधे शब्दों वाले
ऊंट पटांग तराने हैं अब

कुछ तो हों जो दिल को छू लें
भावों के झूले में झूलें
हुई नदारद कहां मधुरता
ढम-ढम ढोल बजाने हैं अब

हंसते हैं या वे रोते हैं
क्या पाते हैं क्या खोते हैं
उनमें क्या है वे ही जानें
ख़ुद ही में अनजाने हैं अब

ज़्यादातर पर हावी डी.जे.
सुर लय ताल सभी हैं छीजे
शोर शराबा धूम-धड़ाका
सिर धुनते दीवाने हैं अब

लगते होंगे कुछ को अच्छे
सच्चे केवल वे ही सच्चे
भूल चुके जो सभी पुराना
आए नए ज़माने हैं अब

हमें सुहाते पिछले गाने
लगते वे जाने पहचाने
तुमको जो कहना वह कह लो
हम भी हुए पुराने हैं अब

दिन गए

आंसू नदियां बने, दिन गए
ग़म के तम्बू तने, दिन गए
हमने ख़ुश रहने की ठानी
अब क्यों खाएं चने, दिन गए

अब खाएंगे दोसे-वोसे
चटनी के संग और समोसे
लड्डू-वड्डू बर्फ़ी-वर्फ़ी
भूखे वे अनमने, दिन गए

अब क्या करना चूल्हा चौका
सैर सपाटे का अब मौक़ा
दाएं बाएं नौकर चाकर
दुखदायी रखने, दिन गए

करवट पर करवट

आते-आते ही आती है नींद
पता नहीं क्यों तरसाती है नींद
करवट पर करवट लो दाएं-बांए
तारों को क्यों गिनवाती है नींद

रूठी क्यों है मुझसे यह जाने
भूल हुई क्या मुझसे अनजाने
मैंने इसके नियम नहीं तोड़े
फिर क्यों मुझको तड़पाती है नींद

पहले तो यह कभी न थी ऐसी
इधर हो गई कुछ दिन से जैसी
उम्र नहीं लोरियां सुनाने की
बिना बात क्यों झिकवाती हैं नींद

कैसे इसे मनाऊं समझाऊं
कब तक इसकी कुंडी खड़काऊं
इसके बिना न चलता मेरा काम
रोज़ रात क्यों ठुकराती है नींद

आते-आते ही आती है नींद

नींद झुलाती झूला

इस करवट से उस करवट तक
उस करवट से इस तक
सारी-सारी रात झुलाती
नींद हमें तो झूला

नींद नहीं जी महारानी है
अपना हुक्म चलाती
जी करता तो आ जाती है
वरना ख़ूब सताती
आएगी या नहीं इसी से रहता है दम फूला
नींद झुलाती झूला

चाहे करो मिन्नतें इसकी
यह क्यों कहना माने
कहना नहीं मानने के हैं
इसके कई बहाने
बदल-बदल करवटें टूटने लग जाता है कूल्हा
नींद झुलाती झूला

इसकी अपनी ही शर्तें हैं
अपने ही हैं क़ायदे
यह अपनी मर्ज़ी की मालिक
करती कभी न वायदे
यह तो है अपनी ही दुल्हन ख़ुद ही अपनी दुल्हा
नींद झुलाती झूला

उचटी ही रहती है हरदम
गहरे कहां सुलाती
वह वाली तो बिल्कुल ग़ायब
जो लोरियां सुनाती
सपनों वाला उसका जलवा आंखों को अब भूला
नींद झुलाती झूला

पर इसका वर्चस्व आजकल
पड़ा इसी पर भारी
चली दवाइयां ऐसी
जिनके सम्मुख यह भी हारी
सटको उनको रात मज़े से सुबह जलाओ चूल्हा
नींद झुलाती झूला

चहल-पहल

जैसे तैसे ये दिन भी कट जाएंगे
धमा-चौकड़ी वाले दिन फिर आएंगे
चुप्पी ओढ़े बैठा है घर का आंगन
बच्चे आएंगे चुप्पी तुड़वाएंगे

चहल-पहल से ही लगता घर घर जैसा
सन्नाटे में हो जाता ऐसा तैसा
बेरौनक़ी तीर-सी गड़ती है दिल में
हम जैसे कैसे उसको सह पाएंगे

बच्चे निकले कुछ दिन सैर सपाटे पर
मौज़-मस्ती कर लेंगे थोड़ी इधर-उधर
नई जगह के नए नवेले दृश्यों को
चित्रों में यादों के संग सजाएंगे

बच्चों की ख़ुशियों में ही अपनी ख़ुशियां
उनकी दुनिया में ही है अपनी दुनिया
इकलापन हमको तो रास नहीं आता
दूर न हों हमसे बस यही मनाएंगे

जैसे-तैसे ये दिन भी कट जाएंगे

अन्नपूर्णा

सीख लिया है हुक्म चलाना
औरों से खाना बनवाना
किचन सौंपकर नीलम जी को
मिलता पका पकाया खाना

ख़त्म हो गई ज़िम्मेदारी
लानी जिसे लाय तरकारी
करना है आराम हमें अब
कहीं न आना कहीं न जाना

ब्रेकफ़ास्ट अन्नू करवाती
ख़ूब खिलाती ख़ूब पिलाती
बढ़िया से बढ़िया हां बढ़िया
आता उसको चाय बनाना

लंच डिनर नीलम की ड्यूटी
खपत न पूछो लेकिन घी की
खाना पर स्वादिष्ट बनाती
बढ़ जाती है भूख रोज़ाना

लगता है घर पांच सितारा
सुविधाओं का भरा पिटारा
दाएं-बाएं नौकर चाकर
आता उन पर हुक्म चलाना

चलती रहे रसोई दिन-भर
खाने वाले खाएं भर-भर
चहल-पहल हो खान-पान की
अन्नूपर्णा भरा खज़ाना

क़िस्मत अच्छी है तो सब है
वरना सबको मिलता कब है
यह सुख बना रहे आजीवन
बड़ा असंभव इसको पाना

❍

अन्नू

आंखों में हंसती है अन्नू
मुझे बहुत जंचती है अन्नू
इर्द-गिर्द रहती है सबके
सबके मन बसती है अन्नू

चलती फिरती अच्छी लगती
बड़ी सरल है सच्ची लगती
कभी रूठती है थोड़ा तो
जल्दी ही मनती है अन्नू

नीलम जी उसकी दीवानी
दोनों ही हैं बड़ी सयानी
दोनों से चलता मेरा घर
नीलम संग फबती है अन्नू

❍

ऐसा ही है

कमज़ोरी तन की मन की
दुश्मन बनकर आ धमकी
पीछा नहीं छोड़ती यह
परले दर्ज़े की सनकी

भूख प्यास को खा जाती
दिल दिमाग़ को तड़पाती
हावी हो सब कामों पर
सारी ताक़त ही झटकी

जाएं किस डाक्टर के पास
लेकर मन में कैसी आस
चौपट हैं सारे उपचार
जीवन इच्छा ही भटकी

सेहत क्या है शामत है
बढ़ी उम्र की आफ़त है
हर क्षण लगता रहता यह
सांसें अटकीं अब अटकीं

रोएं तो कितना रोएं
आंसू कितने दुख धोएं
अपनी ही यह मजबूरी
अपने को कितनी खटकी

ऐसा ही है अब जीवन
लुटा-पिटा-सा तन-मन-धन
मिली कभी जो ख़ुशियां
बीच अधर में सब लटकीं

❍

बेहाल

औरों का क्या पूछें अपना हाल हुआ बेहाल
बेसुर हुई ज़िन्दगी मिलती नहीं ताल से ताल
अपने से लोहा लेने की उम्र कभी की बीती
तन भी मन भी दोनों के दोनों हो गए निढाल

खींच-तान करके अपने को कितना और संभालें
नई समस्याओं के लगता रोज़ खुल रहे ताले
अपने हाथ नहीं चाबी जो तालाबंदी कर दें
समाधान भी कहीं नहीं उठते हैं सिर्फ़ सवाल

अपने को फ़िट रखने का व्रत सदा कहां चलता है
बढ़ती हुई आयु की आंखों को वह भी खलता है
धीरे-धीरे छिनने लगती भीतर बाहर ताकत
अपना ही शरीर बन जाता तब जी का जंजाल

आशाओं के परचम लहराने वाले दिन बीते
हार गए हम बाज़ी वह जो हमीं कभी थे जीते
रस्ते में जब कंकड़-पत्थर-रोड़े बिछ जाते हैं
पूरा ज़ोर लगाने पर भी थम जाती है चाल

क्या तो पूजा पाठ

घर तक में तो चला न जाए मंदिर कैसे जाऊं
क्या तो पूजा-पाठ करूं मैं क्या खुद को समझाऊं
मन के भीतर बैठा दाता भी तो मदद न करता
किससे विनती करूं किसे बहलाऊं या फुसलाऊं

खुद से ही जब हुई निराशा दुनिया से क्या आशा
जब देखो तब साथ खड़ी मिलती है घोर निराशा
नहीं आज ही सालों से ऐसा ही होता आया
अपने अनगिन ज़ख़्मों को कितने दिन और छुपाऊं

अपनी पीड़ा अपने तक ही रखो रहीम जी कहते
खुद ही उससे निपटो चुपके चुपके उसको सहते
थोड़ा-बहुत बांट लो तो दुख हो जाता है हल्का
रोती-धोती कविताओं को मैं किसको दिखलाऊं

शायद कभी मुझे मेरा दुख खुद ही माफ़ करेगा
मेरा क़र्ज़ चुकाएगा खुद ही वह उसे भरेगा
इन्तज़ार में हूं उस दिन की सपने संजो रही हूं
और करूं भी क्या कैसे यह दुखता वक़्त बिताऊं

खिड़की अतीत की

अब क्या लौटेंगे वे दिन जो कभी हमारे थे
पूरे के पूरे थे अपने जगमग तारे थे
वे थे सभी तरह के मानो षड्रस व्यंजन थे
खाते-पीते सोते-जगते सबसे न्यारे थे

वे थे सब घपलों से ऊपर सीधे-सादे थे
मन में उमड़े प्रथम प्रेम के पहले वादे थे
वे इतने भोले थे भोला होता ज्यों बचपन
धारा भी थे वही हमारी वही किनारे थे

उनकी तुलना क्या करनी खुद अपनी तुलना थे
किसी रोशनी वाली खिड़की का वह खुलना थे
वे अपने में सब कुछ ही थे पर्व जश्न उत्सव
जैसे आंखों ने खुद अपने स्वप्न संवारे थे

वे अतीत में बंधे हुए यादों के हैं बंडल
दिल के घर में बसे हुए हैं वे हर क्षण हर पल
मुलाक़ात उनसे अकसर होती ही रहती है
तब भी अब भी हमें जान से ज़्यादा प्यारे थे

बारिश पर बारिश

बारिश पर बारिश की मार
दहशत में थे कार सवार
चंडीगढ़ के हाईवे पर
टूटा अम्बर मूसलाधार

बारिश क्या थी मानो बाढ़
जल ही जल का हाहाकार
आई वाहनों की शामत
डूबे पहिए वहां हज़ार
रेंग रहे थे थोड़े-से
कुछ की वहां थमी रफ़्तार
चालक थे असमंजस में
कैसे हो यह दरिया पार
सचमुच दरिया जैसी थी
सड़क न हो ज्यों हो मंझधार

बारिश ने ढाई आफत
बीच सफ़र में दो-दो बार
अकस्मात टूटे विपदा
हो जाता सब बंटाधार
निकले थे सैलानी बन
लौटे ले बारिश उपहार
चंडीगढ़ की यह यात्रा
याद आएगी बारम्बार

बारिश में कविता

यह कविता बारिश में भीगी
बूंदा-बांदी पर है रीझी
शब्द शब्द में भरी आर्द्रता
भावों के जल ने है सींची

इंतज़ार था बादल आएं
आएं तो फिर ऐसे छाएं
मिनट-मिनट में कौंधे बिजली
पड़ी बौछारें तीखी-तीखी

यह कविता बारिश में भीगी

लगता यह ज्यों सद्यः स्नाता
दिप-दिप करता इसका माथा
धुल पुंछ गई उदासी सारी
सुख में जैसे आंखें मींचीं

यह कविता बारिश में भीगी

मौसम का मिज़ाज

किससे करनी हैं शिकायतें
बदल चुकी हैं सब रिवायतें
झाड़ो मत बुज़ुर्गियत अपनी
कौन सुनेगा अब हिदायतें

बोलो मत चुप रहना सीखो
जैसे हो बस वैसे दीखो
अपनी सोच रखो अपने तक
बहुत हो चुकीं अब क़वायदें

पैसा सिर चढ़ बोल रहा है
इच्छाओं को तोल रहा है
उसका ही पलड़ा है भारी
परे समझ से सब किफ़ायतें

बच्चे भी अब बड़े हो गए
बहु धंधों के बीच खो गए
उन्हें क्या पड़ी याद रखें वे
किस-किस ने की थीं इनायतें

मौसम का मिज़ाज बिगड़ा है
चौतरफ़ा झगड़ा झगड़ा है
सिर धुनने को दिल करता है
मिलने से अब रही रियायतें

प्राणों का स्वर

पिछले को दोहराना क्या
अगले से अकुलाना क्या
वर्त्तमान ही है सब कुछ
बार-बार समझाना क्या

ना समझे जो मूरख है
उसके लिए बना दुख है
चक्रव्यूह-सा जीवन है
अपने को उलझाना क्या

गंगा को देखो बहते
कल-कल कल-कल कुछ कहते
गति ही प्राणों का स्वर है
इसके अधिक बताना क्या

○

अपने से दिन

मिला हुआ आराम और क्या करना है
भरा हुआ है पेट और क्या भरना है
अनुशासित है भूख नियंत्रण में रहती
इस दिनचर्या को किसलिए बदलना है

ठहर गए हैं दिवस भागते नहीं कहीं
अपने ही हैं रहते हैं बस पास यहीं
अपनी मर्ज़ी से ये सोते जगते हैं
इन्हें कहां जाकर अब देना धरना है

नहीं पराए लगते हैं ये अपने से
बचे रह गए आंखों में जो सपने से
पड़े हुए हैं आंखों के इक कोने में
कौन टूटने से अब इनको डरना है

वह भटकन अब नहीं कभी थी जो पहले
अब ज़मीन समतल है चाहे जब टहलें
ऊबड़-खाबड़ जो भी था वह भूल गया
अब इनकी छाया में हमें विचरना है

अपनी क़िस्मत अच्छी यह सौभाग्य मिला
वरना किसके लिए समय का क़िला हिला
ठीक मोड़ पर अगर ज़िन्दगी ठहरे तो
मंज़िल बनती ठंडे जल का झरना है

राम भरोसे

राम भरोसे सारी दुनिया
क्या तो धुनिया क्या तो गुनिया
तेरे करने से क्या होगा
रोना-धोना छोड़ री मुनिया

युगों-युगों से खेल चल रहा
मिट-मिट कर जग रोज़ पल रहा
तेरी हस्ती दो कौड़ी की
भून रहा है वह भड़भुनिया

चाहे उसके तू गुण गा ले
उसकी प्रतिमा गले लगा ले
भोग लगा ले उसे रिझा ले
तेरी चलनी नहीं दुकनिया

उसकी नज़रें तेरे ऊपर
डर उससे या उससे मत डर
तेरे कर्मों का वह जौहरी
काती अब तक कितनी पुनिया

लगे यहां सुख-दुख के डेरे
घेरे रहते सांझ-सवेरे
उम्मीदों पर फिरता पानी
घाटे में ही रही दुल्हनियां
राम भरोसे सारी दुनिया

बेफ़िक्री

जीवन क्या है पांच सितारा होटल है
सेवक और सेविकाओं का दल-बल है
खान-पान की सुविधाओं का मेला है
रहन-सहन का सुख क़दमों में मख़मल है

इत्मिनान से कटती हैं सुबह शामें
लगता बेफ़िक्री ने स्वयं हाथ थामे
चिन्ता-विन्ता सब ने ही पीछा छोड़ा
निश्चित अच्छे कर्मों का गंगाजल है

सैर-सपाटे पर कोई प्रतिबंध नहीं
जहां-जहां पर मन हो जाओ वहीं-वहीं
उड़ो हवा में या फिर उतरो सागर में
या फिर एसी कोच रेल का चल-चल है

अरे वाह क्या दिन हैं ये सपनों जैसे
हमें रिझाने आए जाने ये कैसे
पिछले जन्मों का क्या दान पुण्य हैं ये
या क़िस्मत के किसी करिश्में का फल है

दाता ने की हम पर बड़ी इनायत है
बड़े दिनों के बाद मिला उसका ख़त है
लिक्खा है कुछ दिन को तो आराम करो
भूल जाओ कल आने वाला क्या कल है

❍

मेला

मेला है जी मेला है
बड़े ग़ज़ब का खेला है
रावण का पुतला फुंकना
रेलम-पेला रेला है
मेला है जी मेला है

शौक़ीनों की बन आई
पहन गले में नेकटाई
निकले हैं मस्ती करने
खान-पान की बेला है

भीड़-भड़क्का चारों ओर
तिल धरने को कहीं न ठौर
धक्का-मुक्की रेलमपेल
मेला नहीं झमेला है

देखो जिधर उधर हलचल
मौज़ मनाने के हैं पल
इक दूजे को धकियाते
मेला यह अलबेला है

मेला है जी मेला है

सुख का ढोल

सुख का सबका अपना-अपना तोल है
सभी लगाते अपना-अपना मोल है
कोई उस पर ध्यान नहीं देता ज़्यादा
और किसी के लिए बड़ा बेमोल है

अपने-अपने ढंग से खोज रहे सारे
इसी विषय पर सोच रहे सारे
किसी तरह सुख उनका हो जाए
लक्ष्य यही बस यह ही गोल है

कहने से कब वह खुद आता है
आता है तो मज़े कराता है
उसके स्वागत में तैयार रहो हरदम
अकस्मात बजने वाला वह ढोल है

दिनन का फेर

देर पर देर देर पर देर
हो रहा कैसा यह अंधेर
प्रतीक्षा करो बैठकर बस
दिनन का कैसा है यह फेर

चाहिए जो वह मिलता नहीं
फूल आंगन में खिलता नहीं
आस का टूट गया है साज़
लिया आशंकाओं ने घेर

नहीं कुछ कहते भी बनता
नहीं औरों को कुछ खलता
हमारी ही बढ़ती धड़कन
ज़रा भी होती देर-सवेर

सताती चिन्ता क्यों सबकी
आज इसकी तो कल उसकी
ढेर आशंकाओं का साथ
घूरता रहता आंख तरेर

न जाने क्यों ऐसा स्वभाव
छोड़ता पीछा नहीं तनाव
ख़ुशी भी देती नहीं ख़ुशी
कष्ट से लथपथ है हर शेर

खोना पाना

इतना कोसो मत जीवन को कुछ न कुछ तो देता है
उतना तो दे ही देता है जितना वापस लेता है
सोचो तो कितना वैविध्य भरा है उसे टटोलो तो
बचपन से अब तक तो क्या-क्या उसने नहीं समेटा है

पहले तो सौभाग्य यही है जन्म लिया इस दुनिया में
और तैरना सीखा जग के बहने वाले दरिया में
डूबे होंगे कभी उबर कर तट पर भी आए होंगे
उसका लो आनन्द मिला जो, छोड़ो जो अनदेखा है

क़िस्मत तो अपनी-अपनी है वह उधार कहां मिलती
किसी बाग़ में ज़्यादा कलियां किसी बाग में कम खिलतीं
झोली अगर अभी ख़ाली है भर भी सकती है इक दिन
पूरी दुनिया को दामन में किसने कभी लपेटा है

ईश्वर से शिकायतें करके भी कुछ हाथ नहीं लगता
कभी-कभी ही आता है हर दिन त्यौहार नहीं मनता
जितना उसके हिस्से में है उतना ही है बस समझो
खाने-पीने की भी तो तय होती सीमा रेखा है

पेंशन

पेंशन है वरदान समान
वृद्धावस्था का सम्मान
रोज़ी-रोटी का आधार
अपना सुख अपनी पहचान

जीवन भर का यह अनुबंध
नहीं कभी भी होता बंद
घटती नहीं सदा बढ़ती
डी.ए. मिलता रहता दान

निर्भरता अपने ऊपर
नहीं फैलाने पड़ते कर
अपना खाता अपना बैंक
अपनी खेती अपना धान

कम पड़ता औरों पर भार
बच जाती जीवन की मार
पेंशन से मिलता है बल
चलता रहता जीवन-यान

बिन पैसे रुक जाते काम
चाहिएं ही वे सुबह शाम
घर में या घर के बाहर
उनके पीछे दिखा जहान

लालच नहीं ज़रूरत है
पेंशन से ही बरकत है
ख़ाली हाथ मुसीबत हैं
बिना बात होता अपमान

जिनके नाम हुई पेंशन
उन्हें नहीं कोई टैंशन
क़िस्मत में पर कितनों की
जिनकी बढ़ा रही वह शान

मेरी बड़ी हुई है शान
जीवन को रखती गतिमान
एक भरोसा-सा रहता
सोओ पड़कर लम्बी तान

समय की मार

आशाओं के पर निकलें तो करो निराशा दूर
उल्टा ही हिसाब है अपना लेकिन यहां हुज़ूर
सकरात्मकता रूठी बैठी देती कभी न साथ
नकारात्मकता दिल-दिमाग़ दोनों को करती चूर

पंक्तिबद्ध उपदेशक बैठे देने को उपदेश
भरे लबालब आशाओं से उनके सब संदेश
पूछे कोई उनसे कितने कष्ट उठाए कब-कब
या फिर कोरे उपदेशों का छलकाते हो नूर

सबमें साहस कहां कि झेलें कठिन समय की मार
रोक रास्ता बीच सड़क के खड़ी दीखती हार
ऐसे में उपदेशों वाला अमृत काम न आता
जला रहा हो जब जीवन को विपदा का तंदूर

भूख

खाने पर प्रतिबंध न हो तो खाने का है अलग मज़ा
सेहत के मारों को लेकिन मिलती है हर समय सज़ा
उनको लिस्ट थमा दी जाती यह खाना वह मत खाना
सेहतमंदों का पर दिखता सारी चीज़ों पर क़ब्ज़ा

लुत्फ़ उठाते वे जीवन का खा-पीकर यह भी वह भी
खाने-पीने के लालच पर वे क्यों क़ाबू रखें कभी
उन्हें छूट है जब सब कुछ की वे क्यों अपने को रोकें
भरे पेट पर भी वे खाते खाने में जो उन्हें पचा

भूख-भूख तो महारानी है सब पर हुक्म चलाती है
कुछ को भूखा भी रखती है कुछ को ख़ूब खिलाती है
वही नाच नचाती सबको चैन नहीं लेने देती
तहस-नहस कर देती सब कुछ हो जाए यदि कभी ख़फ़ा

भूख लगे बस यही मनाओ नहीं कभी भी रूठे भूख
जिस दिन रूठी उस दिन समझो जीवन-रस जाएगा सूख
सब चीज़ों से बड़ी भूख है बाक़ी तो सब कुछ है गौण
ग़लत लगे तो उससे पूछो जिसे भूख ने सदा तजा

व्रत साधन

व्रत साधन से बल मिलता है
भीतर कहीं कमल खिलता है
छंटते शंकाओं के जाले
ग़म का फटा वस्त्र सिलता है

मन में अलग भाव जगते हैं
बदरंग जीवन को रंगते हैं
लगता है कुछ लाभ मिलेगा
भय का पक्का गढ़ हिलता है

विश्वासों के बढ़ते हैं पल
प्यास मिटा दे ज्यों गंगाजल
तन-मन दोनों होते पावन
परत-परत हर पल गलता है

व्रत के साथ प्यार जुड़ता जब
साथ हमसफ़र का जुड़ता तब
भूख मिटा देता वह सारी
सोंधी रोटी-सा बिलता है

व्रत साधन से बल मिलता है

करवाचौथ पर

हरियाली हलचल

हरियाली के साथ बिताए जब थोड़े पल
तब से मची हुई दिल में हरियाली हलचल
यमुना यक्सप्रेस वे पर दौड़ लगाती कारें
बाहर दोनों ओर खेत लहराते आंचल

बारिश ने नहलाकर उनको और निखारा
दोनों ओर खड़े पेड़ों का अलग नज़ारा
बीचों-बीच बनी दो सड़कें सैर करातीं
दौड़ लगातीं वाहन कहते चल-चल चल-चल

भीड़ भड़क्का, शोर शराबा सभी नदारद
बीच जाम में फंसने की भी नहीं क़वायद
हरियाली के बीच सफ़र का अलग मज़ा है
हल्की-फुल्की सर्दी में ज्यों ओढ़ो कम्बल

सजी-धजी सुन्दर-सुन्दर पोशाकें पहनें
मित्र मंडली अगर साथ हो तो क्या कहने
खान-पान भी चले बीच में ढाबों वाला
दाल मक्खनी के संग गर्म परांठे शामिल

कभी-कभी का सफ़र ताज़गी भर देता है
दिनचर्या की सारी सुस्ती हर लेता है
दे जाता है नई ऊर्जा नई उमंगें
लगने लगता है जीवन थोड़ा ज़िन्दादिल

चढ़ते-चढ़ते चढ़ी

चढ़ते चढ़ते चढ़ी तीसरी मंज़िल तक यह बेल
लिपटी थी वह जिससे वह था बेल पत्र का पेड़
गुत्थम-गुत्था दोनों लिपटे इक दूजे के संग
मंत्रमुग्ध हो गई देख मैं प्रकृति का यह खेल

पेड़ बेल में बेल पेड़ में दोनों ही आसक्त
बड़े मज़े में कटता उनका प्रेममय यह वक़्त
हवा झुलाती उनको झूला चिड़ियां गीत सुनाती
मुझे मुफ़्त में देता ख़ुशियां उनका अद्‌भुत मेल

मेरी बालकनी की शोभा हुई चौगुनी इनसे
रोपा किसने बेलपत्र यह पूछूं जाकर किससे
धन्यवाद उसका जिसने दी मुझको यह सौग़ात
दिनभर इनसे चलती रहती मेरी रेलमपेल

चढ़ते चढ़ते चढ़ी तीसरी मंज़िल तक यह बेल

पेड़ खड़े चुपचाप

पेड़ खड़े चुपचाप कि जैसे डांट दिया हो मौसम ने
उत्तर दिया न कोई पूछे उनसे अगर प्रश्न हमने

कोहरे की चादर में लिपटे सिकुड़ रहे हैं अपने में
सोख लिया है उनकी गतिविधियों को जाने किस ग़म ने

उन पर बैठे पक्षी तक भी चुप्पी साधे बैठे हैं
पहरा बिठा लिया अपने पर उनके स्वर की सरगम ने

धूप बन गईं दुश्मन इनकी उनसे रूठी बैठी है
फूल-पत्तियां और डालियां सब की सभी लगी जमने

हवा कहीं पर दुबकी बैठी नहीं खेलती इनके संग
वातावरण साधकर चुप्पी फंसा न जाने किस भ्रम में

❍

न्योता ऋषिकेश का

कभी-कभी तो हो जाते हैं सपने भी साकार
यह न पूछना मगर कि उनका होता क्या आधार
हो जाए ज्यों कभी अचानक हल्की बूंदा-बांदी
या तपती दोपहरी में बहने लग जाए बयार

इतना भी निराश क्या होना इतना भी क्या डरना
आख़िर मौसम को भी तो है अपना रूप बदलना
आ ही जाता है बसन्त भी पतझर को झुठलाकर
उसके स्वागत में भी अपने को कर लो तैयार

जश्न मनाने को मिल जाए दिन-भर जश्न मनाओ
ख़ुशियां आ जाएं दर पर तो उनको गले लगाओ
मिले निमंत्रण चलो सफ़र पर घूम-घाम कर आओ
घर में पड़े-पड़े वैसे ही होता बंटाधार

ऋषिकेश की गंगा का न्यौता सपने जैसा है
बसा हुआ है वह आंखों में पूछो मत कैसा है
पूरा हो जाएगा जिस दिन उस दिन बतलाएंगे
छू कर तो आने दो गंगा मैया की जलधार

गंगा मैया

आंखों में है गंगा मैया
इससे बढ़कर क्या है भैया
पतित-पाविनी पावन पूता
पार लगाती जीवन नैया

मेरे विश्वासों की पूंजी
इससे अधिक न कोई दूजी
इसका दर्शन मेरा उत्सव
बिम्बित इसमें शिव की छैंया

बहती रहती बहती रहती
बहते-बहते क्या-क्या कहती
इसकी लहरें करती रहतीं
सप्तस्वरों के संग गलबहियां

सबसे बड़ा तीर्थ इसका तट
लगा यहां पुण्यों का जमघट
इससे ज़्यादा होगा क्या सुख
बही हृदय में ज्यों पुरवैया

गंगा, मैया स्नान ध्यान की
ऋषि मुनियों के उच्च ज्ञान की
संस्कृतियों का सार तत्त्व यह
जन्म जन्म की प्यास बुझैया

आंखों में है गंगा मैया

गंगा : ऋषिकेश

गंगा बही पहाड़ों बीच
दृश्य अनोखा आंखें मीच
भीतर तक ले उसको भर
बंजर दिल को जल्दी सींच

किरणें उसमें नहा रहीं
झिलमिल झिलमिल संग बहीं
क्या निखार क्या रौनक़ है
खींच हृदय में फ़ोटो खींच

ऋषिकेश की गंगा यह
कर देती मन चंगा यह
यह पावन ही पावन है
धुल जाते सब कल्मष कीच

इसका दर्शन मेरा भाग्य
छू मंतर सारा वैराग्य
लहरों में संदेश छिपा
दोनों हाथों प्यार उलीच

बिखरा है देवत्व यहां
नहीं मिलेगा यहां वहां
बहती है जो यहां हवा
प्राणवायु में उसको सींच

हरे-भरे गंगा के तीर
बड़े समृद्ध हैं बड़े अमीर
मैंने ढूंढा अपना धन
लगा मिल गई अब हर चीज़

गंगा बही पहाड़ों बीच

❍

निमंत्रण : ऋषिकेश

गंगा तट पर बैठ ज़रा उससे बतियाएंगे
कुछ सुन लेंगे उसकी कुछ अपनी बतलाएंगे
दूर शहर से दूर प्रकृति ने दिया निमंत्रण है
ऋषिकेश की सुन्दरता के घट भर लाएंगे

कितने घट हां कितने इनको गिनना है मुश्किल
गिनते गिनते आंखें भी हो जाएंगी छल-छल
शब्दों से है परे विलक्षण अद्‌भुत सुन्दरता
भीतर-भीतर दिल में उसका चित्र बनाएंगे

बहते-बहते गंगा अपने साथ बहाती है
जहां जहां भी जाती साथ वहीं ले जाती है
थकती भी तो नहीं और न थकने देती है
हम भी नहीं थकेंगे संग-संग बहते जाएंगे

गंगा के दर्शन से बढ़कर पुण्य नहीं कोई
इसमें डुबकी लगी कि जागी चेतनता सोई
उठती गिरती लहरें इसकी रुकती नहीं कभी
रूखे-सूखे जीवन को इसमें नहलाएंगें

लहरें इसकी तरल गति का भरा पिटारा है
घिरी पहाड़ों में गंगा का रूप निराला है
टेढ़ी-मेढ़ी ऐसी ज्यों मोती की माला हो
बार-बार इसके जल में डुबकियां लगाएंगे

होटल आलोहा : ऋषिकेश

गंगा तट पर बना आलोहा
सागर तट पर गोवा
दोनों के दोनों हैं अद्भुत
दोनों ने मन मोहा

कभी यहां तो कभी वहां पर
आना-जाना रहता
इस पर कभी-कभी उस पर फिर
लिखते बनता दोहा

दोनों के दोनों है कविता
जैसे भीतर बहती सरिता
गोवा में अनन्त दिखता है
क्षितिज समान लगे आलोहा

गंगा तट पर बना आलोहा

चक्का जाम

जहां खड़े थे वहीं खड़े हैं आगे बढ़े न मुड़े पिछाड़ी
इंजन तो है ठीक-ठाक पर चलने को तैयार न गाड़ी

रस्ता भी बेरोक-टोक है खुला-खुला है ख़ाली-ख़ाली
मन मारे बैठे हैं हम पर हम-सा होगा कौन अनाड़ी

चलने की जब बात चले तो चलना आड़े आ जाता है
कांटेदार झाड़ियों में ज्यों उलझे चलते-चलते साड़ी

ठहर जाओ तो ठहर जाओ फिर होगा जो भी ख़ुद ही होगा
वैसे भी जीवन-भर हमने कौन कमाई की है गाढ़ी

जिसको जो कहना वह कह ले अपना चक्का जाम हुआ है
जैसे ले संन्यास खेल से कोई चुस्त-दुरुस्त खिलाड़ी

जहां खड़े थे वहीं खड़े हैं आगे बढ़े न मुड़े पिछाड़ी

उड़नतश्तरी

भागमभाग भागमभाग
सोने वाले अब तो जाग
होड़ मची है ताबड़तोड़
जल्दी-जल्दी का है राग

उड़नतश्तरी है यह युग
युग मत कहो इसे नवयुग
यह अपने से ही हैरान
कर बैठे जाने क्या मांग

इसे लगी बस अपनी धुन
गिनता है बस अपने गुन
पिछला सब कुछ बेमतलब
ठंडा जल वह यह है आग

हमदर्दी से कोसों दूर
लगता है काफ़ी मग़रूर
चढ़ी सफलता इसके सिर
रिश्ते नाते ऊट-पटांग

डीज़िटल है ग़ायब है दिल
लगता इसे न कुछ मुश्किल
मोबाइल मोबाइल तक
मैसेज़ टिविटर और ब्लॉग

यह तो रहा बदलने से
धीमे-धीमे चलने से
जिन्हें दौड़ना दौड़ें संग
यह है चतुर बड़ा ही घाग

यह सच है बस यह ही सच
छोड़ो सोच कि इससे बच
इसके संग ही रहना अब
जंगल कहो इसे या बाग़

भागमभाग भागमभाग

बस भी करो

बस भी करो कष्ट देना अब
माफ़ करोगे बतलाओ कब
जाकर किसी दुष्ट को पकड़ो
हम मानें सच्चे हो तुम तब

दुष्ट यहां पर भरे पड़े हैं
कभी दौड़ते कभी खड़े हैं
वे कब जपते नाम तुम्हारा
कभी सुना उनको रटते रब

उन पर नज़र क्यों नहीं रखते
पूरी दुनिया को वे ठगते
रावण बने घूमते हैं वे
डरते नहीं राम से वे अब

चारों ओर दिख रहे हैं वे
अपना भाग्य लिख रहे हैं वे
दंडित होते नहीं दीखते
और भर रहे पापों का टब

दंडित होते सीधे-सादे
सदा निभाते हैं जो वादे
तुम्हें याद करते हैं हर क्षण
उन्हें सताना छोड़ोगे कब

कृपा-दृष्टि उन पर बरसाओ
अपनाओ, उनको अपनाओ
इन्तज़ार में बैठे कब से
तुम्हें पुकार रहे उनके लब

❍

सीमाएं

दुनिया-भर के दर्द समेटे कैसे मेरा मन
भारी भरकम बोझे ढोए कैसे मेरा तन
मेरी अपनी ही सीमाएं अपने हैं प्रतिबंध
कैसे कर लूं मैं अपने से अपनी ही अनबन

परोपकार करने वालों की अलग-थलग पहचान
वे तो लुटा रहे औरों पर हरदम अपनी जान
मुझसे तो अपनी ही सेवा करनी है मुश्किल
अपनी ही चिंताएं घेरे रहती हैं हर क्षण

होगी दुनिया बहुत बड़ी पर मुझ को क्या लेना
मेरे तो अपने ही दिन हैं अपनी ही रैना
कभी ध्यान लगता ईश्वर में कभी नहीं लगता
बेमन से क्यों करूं प्रार्थना और घिसूं चंदन

भक्तजनों पर श्रद्धा भी कुछ ख़ास नहीं जमती
मीरा वाली लौ भी तो कितनों को है लगती
वह एकाग्रता तन्मयता कैसे उत्पन्न करूं
मैं इस योग्य नहीं जो कर लूं ढंग से पूजन अर्चन

छोड़ दिया

जो छोड़ दिया सो छोड़ दिया दोबारा उसको क्या करना
जो होना है सो होना है अपने से भी अब क्या डरना
तट पर है या है बीच भंवर नौका की अपनी क़िस्मत है
मरना तो है ही एक बार फिर बार-बार का क्या मरना

यह सोचो या फिर वह सोचो यह सोच सोच भी क्या होगा
यह भी अब बेमतलब है क्या-क्या खोया क्या-क्या भोगा
सबको ही वक़्त चलाता है चलना भी पड़ता है सब को
सब फंसे हुए हैं सागर में विपरीत धार के क्या तरना

सबकी अपनी-अपनी ताकत सबका अपना-अपना बल है
मालूम कहां पर है किसको, किस-किस का कैसा-सा कल है
यह विषय नहीं है चिंतन का माथापच्ची है सारहीन
हैं चित्र पराए सारे ही अपना रंग उनमें क्या भरना

स्वाभिमान

अपने पर निर्भर हैं आप
अपने गदहे अपने बाप
दुनिया का क्यों देखो मुंह
अपनी माला अपना जाप

जिस तिस को समझाना क्या
अपना राज़ बताना क्या
अपनी बातें अपने पास
अपना सुख-दुख अपना साथ

सम्बन्धों की क्यों हो भीड़
अपना है छोटा-सा नीड़
अपना घर अपना बाज़ार
दीवारों पर अपनी थाप

तुलना-वुलना किससे क्यों
इससे उससे किनसे क्यों
अपने में हैं माहिर आप
अपने बांट व अपने माप

पहचानो अपनी ताक़त
टल जाएगी हर आफ़त
काहे को फैलाना हाथ
बिना बात क्यों करो विलाप

स्वाभिमान यह स्वार्थ नहीं
भीतर सबके छिपा कहीं
शीश झुका कर क्यों चलना
अपना वर है अपना शाप

❍

हंसी तीर्थ है

आंसू पौंछो अब हंसने की बारी है
हंसने वाली दुनिया बिल्कुल न्यारी है
मंद-मंद मुस्काओ या हो-हो हंस लो
रंग-बिरंगे फूलों की यह क्यारी है

आंसू सागर हैं तो हंसना धरती है
नींव ज़िन्दगी की को पक्का करती है
आंसू के सागर में कब तक डूबेंगे
हंसना सीखेंगे तो दुख भी ऊबेंगे

दुख की काल कोठरी से बाहर निकलो
हंसने वाली दुनिया सबको प्यारी है

जहां ठहाके लगते हैं वह जन्नत है
उसी जगह पर पूरी होती मन्नत है
हंसी तीर्थ है चारधाम की यात्रा है
दुनिया के संग अपने संग भी यारी है

रंग-बिरंगे फूलों की यह क्यारी है

मैं शब्दों के संग

अलग-थलग मेरी कविताएं अलग-थलग हैं रंग
मेरा अपना अलग तरीक़ा और अलग ही ढंग
बस उनको जीती रहती हूं मैं शब्दों के संग

आस-पास रहती हूं उनके आस-पास जो मेरे
नहीं वास्ता उनसे कोई जो रहते मुंह फेरे
छोटे-मोटे से जीवन की छोटी-मोटी जंग
मैं शब्दों के संग

सहज भाव से लिखती हूं मैं सहज भाव से जीती
सहज भाव से बतला देती जो है मुझ पर बीती
मेरे पास नशा है मेरा होता कभी न भंग
मैं शब्दों के संग

हरदम सिर पकड़े मैं बैठूं ऐसा कभी न होगा
है स्वीकार मुझे वह सब कुछ जो भी मैंने भोगा
मेरे रंग बड़े चटकीले क्यों होंगे बेरंग
मैं शब्दों के संग

चहल-पहल जितनी है काफ़ी माफ़ करे हंगामा
जितना आता गा लेती हूं उतना सा रे गा मा
मुझे नहीं कुछ ऐसा करना रह जाएं सब दंग
मैं शब्दों के संग

मैं शताब्दी ट्रेन नहीं जो भागे ताबड़तोड़
क्या करनी है मुझे लगाकर दुनिया भर से दौड़
मेरा आलस मुझे मुबारक करता मुझे न तंग
मैं शब्दों के संग

दोहे महंगाई

चक्की में जैसे पिसे गेहूं और अनाज
मंहगाई के राज में पिसता आज समाज

चलना होता है जिन्हें बजट बना हर मास
कटती है तनख़्वाह जब रुकती उनकी सांस

जिनके पास अपार धन उन्हें नहीं परवाह
रहती सदा सुहागिनी उनके मन की चाह

और अधिक कड़वा हुआ चढ़ा करेला नीम
साठ रुपए केजी बिका किसे कहें तू जीम

तोरी के नख़रे बढ़े टिंडा भी है शेर
बचा घिया पर क्या पता वह भी ले मुंह फेर

गोभी भिंडी मटर ने ले ली सबकी क्लास
ऊंचाई पर दिख रहा अब उनका आवास

इधर टमाटर अकड़ता प्याज़ उधर सिरमौर
बेचारी सब्जियां कहें क्यों करते हो शोर

आलू के मत पूछिए रोज़ बदलते दाम
इसकी अपनी सुबह है इसकी अपनी शाम

आम आदमी आम है कैसे खाए आम
गुठलियां तक लगा रहीं अपने ऊंचे दाम

दर्शन करिए दूर से फल हो गए नवाब
रहो पूछते दाम तुम देंगे नहीं जवाब

❍

दोहे अन्य

मिली पुरानी लेखनी क्या-क्या आया याद
लिखे गीत पर गीत तब एक-एक के बाद

मिला चौगुना प्यार था सुख का था अम्बार
नृत्य निमग्न था समय वह अद्‌भुत था संसार

सुख समृद्धि सम्पत्ति सब अगर मिले भरपूर
दुख दारिद्रय का दर्द सब होता चकनाचूर

हम तो हुए अमीर अब मुट्‌ठी में सुख चैन
सोने जैसे दिन हुए हीरों जैसी रैन

पेटू हैं तो क्या हुआ हज़्म कर रहा पेट
जब तक खाया जाएगा सब कुछ इसकी भेंट

गर्मा-गर्म जलेबियां और समोसे साथ
ठुंसा हुआ है पेट पर रुके न रोके हाथ

जिनको रखना है रखें व्रत निर्जल उपवास
हमें चाहिएं रोज़ ही व्यंजन ख़ासम-ख़ास

मक्की की रोटी मिली संग सरसों का साग
लस्सी भरी गिलास में भूख बन गई आग

सुखमय वातावरण है सुखमय दिलो-दिमाग़
मुक्त भाव से जब किया कुविचारों का त्याग

दिल-दिमाग़ क्यों त्रस्त हैं किए कौन से पाप
वहमों का अम्बार है दुश्मन तीनों ताप

तन कहता कुछ और है मन कहता कुछ और
दोनों में रस्साकशी हों तो हों किस ओर

होती है तारीफ़ तो कुप्पा होते गाल
मन में लड्डू फूटते इतराती है चाल

अभिनंदन कितने हुए रखना है यदि याद
गिनो शॉल आराम से एक-एक के बाद

कविता का मेला लगा तरह-तरह के स्टॉल
बड़ी विविधता है यहां तरह-तरह का माल

भीड़-भड़क्का बहुत है मचा हुआ है शोर
बड़ा अनोखा लग रहा कविता का यह दौर

❍

मुक्तक

पिछले क्षण को पीछे छोड़ो अगले क्षण का ध्यान करो
होता तो जो होना ही है होनी से किसलिए डरो
हम तो सब के सब मोहरे हैं दुनिया की इस चौपड़ के
जीत-हार की बाजी में जीतो या ठंडी आह भरो

तड़प विचारों की ऐसी ज्यों तड़पे जल बिन मछली
जीवन की सच्चाई भी लगने लगती है नक़ली
हे ईश्वर कुछ करो सहायता कृपा-दृष्टि बरसाओ
अच्छी ख़ासी सोच समझ की घूम रही क्यों चकली

सैर-सपाटे से भी कब बदला मेरा मन
वैसे का वैसा है होता कब परिवर्तन
कोसूं कोड़े मारूं कैसे इसे भगाऊं
अरे कभी तो टूटे जड़ता उभरे स्पंदन

जैसे तैसे जी लेता है जिसको जीना आता है
चाहे उसे मिले यश चाहे पग-पग धोखा खाता है
दुनिया के रंग ढंग तो जैसे हैं वैसे ही रहते हैं
ख़ुद ही तय करना पड़ता है किससे कैसा नाता है

मन में जो था कहा और बन गई ग़ज़ल
शब्दों ने भावों ने सींची स्वयं फ़सल
ग़ज़लें क्या ये नए-नए अंकुर फूटे
झांक रहा है जिनमें से अपना ही दिल

शाप नहीं अभिशाप सरीखा बिन सेहत का जीवन
लावारिस से लगने लगते दोनों ही ये तन-मन
अपने को अपने कामों का बोझा भी है खलता
फिर भी कब मरती जिजीविषा ज़िन्दा रहती हर क्षण

इधर-उधर से घूम-घाम कर कविता का फिर वही विषय
सेहत महारानी बन बैठी खा जाती सम्पूर्ण समय
चौबिस घंटे अपनी सेवा चौबिस घंटे उसका ध्यान
पिछले कुछ दिन से तो लगता अस्पताल बन गया हृदय

कहीं घूमने जाएंगे तो नई बात बतलाएंगे
घर में बैठे-बैठे तो बस बासी ही दोहराएंगे
कोरी कल्पनाओं से भी तो काम नहीं चलता
किसी प्लेन में बैठेंगे तो उड़ते गीत सुनाएंगे

अब आज यहां तक पहुंचे हैं कल छू लेंगें वह भी मंज़िल
वैसे जितने भी काम किए आई उनमें भारी मुश्किल
राजा के घर पैदा होते तो डरकर रहतीं विपदाएं
झोंपड़-पट्टी में जन्म हुआ स्वागत करते किसलिए महल

घर में तो सब ठीक-ठाक है बाहर बंटाधार है
फूलों वाला नहीं भाग्य में कांटों वाला हार है
देते रहो तसल्ली खुद को झूठी है वह मिथ्या है
तट की सुविधा भूल जाओ अब तो केवल मंझधार है

अब तो ऐसे ही चलना है चलने दो
कुछ भी हो उसको खलता है खलने दो
अपनी सोच नहीं बदलेगी सोच लिया
छलने वालों को छलना है छलने दो

कैसे कैसे कष्ट दिखाता भाग्य बड़ा पेचीदा
सहो और बस सहो कभी भी कब होता मनचीता
जीवन तो छोटा लगता है दुख की सूची लम्बी
देखा हमने सभी हारते इक्का-दुक्का जीता

पड़ता बार-बार ख़ुद को दोहराना
चल पाता कब कोई और बहाना
ढर्रे पर चलने वाले जीवन को
क्या-क्या तो है और नया सिखलाना

डाल दिए हथियार छोड़ दी कसरत
अपने नाम लिखा अपने को ख़त
ज़ोर-ज़बरदस्ती के दिन तो बीते
ढिसल गया है तन का ताना बाना

हाथ जोड़कर बैठ जाओ कुर्सी पर
पूर्ण विराम लगा दो अब फुर्ती पर
जैसा है वैसा ही है अब रहना
भूलो सब अब यहां वहां पर जाना

धुलें न धुलें किसी के लेकिन मैंने तो धो डाले
किए हवाले गंगाजी के पाप किए जो काले
मेरा क्या अब उसकी मर्ज़ी करे उसे जो करना
करे प्रमाणित अब अपने गुण पापनाशिनी वाले

सागर-तट भी देखा है पर गंगा तट की बात अलग
यहां बिताया दिन भी अद्‌भुत और बिताई रात अलग
सागर को देखो तो लगता हम अनन्त के योग्य कहां
गंगाजी पर अपनी लगतीं लगती बहती हैं संग-संग

सफ़र तो है दूर लेकिन भूमिका तैयार है
बोरियत को दूर करने का यही उपचार है
बस वहीं हां बस वहीं हां बस वहीं क्यों कर रहे
सामने आकाश जैसा जब खुला संसार है

नहीं नाम लेती जाने का आ जाती जब आफ़त
दिल-दिमाग़ दोनों के दोनों हो जाते हैं आहत
उससे लड़ने की तरकीबें भी होतीं जब फ़ेल
टुकड़े-टुकड़े होता साहस साथ छोड़ती हिम्मत

मैं कृतज्ञ हूं अति कृतज्ञ हूं आभारी हूं आपकी
कई गुना कम कर दी तुमने पीड़ा मेरे पाप की
झेल रही थी इसको कब से थकी झेलते इसको जब
राज़ खुला जब जाना मैंने सज़ा मिली किस श्राप की

आंखों में आंसू हों जब तब होठों पर मुस्कान कहां
ले लें खुशियां विदा अगर तो जबरन ढूंढें उन्हें कहां
आसानी से नहीं बदलते बन जाते हैं जो हालात
अपने को ही रहो बदलते समय कहे जो करो यहां

अपने पर था गर्व कभी जो वह अब चूरम-चूर हुआ
अपने को लेकर जो भ्रम था वह भी सारा दूर हुआ
कितनी है औक़ात हमारी समझ आ गई है अब तो
कभी नवाबज़ादा था यह मन अब कितना मजबूर हुआ

चलती अगर सोच मेरी तो क्या-क्या हो जाता
कोई आ शाबाशी देता कोई आ धमकाता
मुझको तो बुनने हैं सपने सच हों या हों झूठे
शब्दों में पर ऐसा जादू हर दिल पर चल जाता

अपने पास प्रार्थना है बस बाक़ी तो सब उसके पास
पता नहीं कब रंग लाएगी दशकों पहले की अरदास
और विकल्प नहीं है कोई उसकी शरण बची केवल
रो लो धो लो कुछ भी कर लो छोड़ो मगर न उसकी आस

निंदा ही निंदा बाक़ी है कहां गई तारीफ़
इतनी बुरी नहीं है दुनिया कुछ तो इससे सीख
हर क्षण निंदा करने से बढ़ता है मन का बोझ
ज़्यादा अकड़ दिखाने वाले दिखे मांगते भीख

कभी कठिन तो कभी सरल है जीवन भी है एक तमाशा
कभी निराशा कभी हताशा धीरज कभी बंधाती आशा
रंग बदलता रहता हर क्षण काला-पीला नीला-लाल
पूरी मगर कहां होती है कभी किसी की भी अभिलाषा

कविता में तो दिल ही दिल है एक तरफ़ रख दिया दिमाग़
कहनी हैं कुछ छुटपुट बातें नहीं अलापना बोझिल राग
पेचीदा अर्थों की दुनिया से अपना सम्बन्ध नहीं है
अपनी तो बस दिल से दिल तक लगनी चाहिए एक छलांग

चलने भर का कष्ट है बाक़ी सब आराम है
यह भी प्रभु की किरपा है वरना काम तमाम है
जैसे तैसे कटते हैं दिन भी लम्बी रातें भी
यह भी पर कैसे कह दें जीवन हुआ हराम है

घर से बाहर निकलें भी तो जाएं कहां-कहां
देखी-भाली सब जगहें हैं, अपनी यहां-वहां
ऐसे भी हम नहीं घुमक्कड़ जाएं देश-विदेश
पासपोर्ट तक नहीं पास में देखें कौन जहां

बेटा हाथ पकड़ता है तो हो जाता आसान सफ़र
दिल में लगने वाला वह भी कम हो जाया करता डर
वरना तो इस बूढ़े जीवन से क्या करनी हैं आशाएं
बिना सहारे ऐसा लगता जैसे घर में हों बेघर

भीड़ लगी है कुविचारों की भगदड़ मची हुई मन में
जाने कब यह भीड़ छंटेगी चैन मिलगा इस तन में
हे ईश्वर कर माफ़ मुझे तू हुई अगर ग़लती मुझसे
इतना व्याकुल भी मत कर अड़चन आए तेरे वन्दन में

पत्नी हाथ थामती है जब हो जाता आसान सफ़र
नौ दो ग्यारह हो जाता है पतिदेव के दिल का डर
मज़ेदार लगने लगती है सैर सुबह की उपवन में
कुछ भी कहता नहीं बुढ़ापा कुछ भी कहती नहीं उमर

कोशिश तो की थी लेकिन मैं हार गई
ढूंढे से भी मिली न कोई बात नई
मनगढ़ंत घड़ने का मुझको शौक नहीं
अपने को झूठे लगते अपने ही कथन कई

हुए लापता दिन वे जिनके पते कभी थे अपने
कहां ढूंढने जाएं उनको ओझल वे ज्यों सपने
आते हैं वे याद सताते रहते हैं वे हरदम
छोड़ गए क्यों हमें बुढ़ापे की अगनी में तपने

रिश्ते वे ही अच्छे हैं जो अच्छे से निभ जाते हैं
और गीत भी वही सुहाते जिन्हें दूसरे गाते हैं
बाक़ी तो सब एक तमाशा नाटक है नौटंकी है
कुछ दिन को टिक जाएं भी तो आख़िरकार सताते हैं

सम्मतियां

लेखिका ने बड़ी विनम्रता से सहजता की बात कही है, लेकिन मेरी दृष्टि में यह बात बहुत महत्त्वपूर्ण है। सहजता में चिन्तन का अभाव नहीं होता, वह तो सहज भाव से ही वहां रमा रहा है। कवयित्री कविता की खोज में नहीं भटकी, कविता उनको खोजती हुई सहज भाव से उनकी लेखनी में उतर आई है। वह कविता में रमी हुई हैं और कविता उनमें रमी हुई है।

– विष्णु प्रभाकर

मुझे लगा कि पुष्पा राही की कविताओं में यह बड़ी ज़बरदस्त महक मौजूद है और वह महक चाहे आप इन्हें घरेलू कविताएं कहें, चाहे आप इन्हें पारिवारिक कविताएं कहें। पुष्पा राही की ये कविताएं मैं समझता हूँ कि बहुत बड़ी सांस्कृतिक घटना के रूप में सामने आएंगी। जब ज़िंदगी के हालात बदलते हैं तब स्वाद बदलता है। तब जिंदगी की प्रामाणिकता भी बदली है और प्रामाणिकता के साथ-साथ कविता भी बदली है और उस रूप में आप देखें तो पुष्पा राही की ये कविताएं ज़िन्दगी की कविताएं हैं।

–कमलेश्वर

सच बात तो यह है कि गीत गीत होकर भी गीत की सीमा से बाहर चले गए हैं और छन्दात्मक कविता बन गए हैं। इनमें आपके जीवन के सुख-दुःख सहजता से व्यक्त होते चले गए हैं। यह सच है कि इन कविताओं में न भावों का ज्वार है, न चिन्तन-मनन का भार, लेकिन ये कविताएं बहुत सार्थक हैं। वजह यह है कि इनमें ज़िंदगी से बातचीत है। बातचीत की सहजता है, आत्मीयता है, सवाल जवाब हैं। आपकी कविता का यह मोड़ बहुत मूल्यवान है, आपके लिए भी और हम सबके लिए भी।

–डॉ. रामदरश मिश्र

मुझे लगा कि जैसे प्रत्येक रचना ही आपकी दिनचर्या का अंग है और शान्त क्षणों में भावनाओं का स्मरण है। प्रेरणा के ज्वार की तीव्रता ने उन्हें वाणी दी है। रचना पढ़ते समय ऐसा लगा जैसे रचनाकार स्वयं मेरे सामने है और उस समय रचना संवाद की स्थिति जैसे उत्पन्न कर देती है। अनुभूति की तरलता इसी से स्पष्ट है कि आप जिस मध्यवर्ग की हैं, वही आपकी नस-नस में है। यह ईमानदार रचना का प्राण तत्त्व है।

–मधुर शास्त्री

घर परिवार, आस-पास के समाज और परिवेश को काव्यात्मकता का स्पर्श देने वाली उनकी कविताएं वर्तमान को रूपायित और रेखांकित करती हैं। परम्परा और आधुनिकता को समान रूप से संजोने वाली पुष्पा राही वास्तव में आज के समय की महत्त्वपूर्ण कवयित्रियों में से एक हैं।

–डॉ. शेरजंग गर्ग

वस्तुतः पुष्पा जी की कविताएं बड़े दावों के साथ क्रान्ति का परचम फहराती हुई सामने नही आती हैं, बल्कि उनमें जीवन का सहा हुआ यथार्थ है। उनकी कविताओं में घर है, घर की दीवारें हैं, बाल बच्चे हैं, रसोईघर, खिड़कियाँ, परिधान और उनसे लिपटी और उन्हीं सबसे निकली हुई कविताएँ हैं।

–प्रदीप पंत

आपके सारे गीत पढ़ लिए। सारे मेरे प्राणों में, 'एक अजूबा' बनकर उतर गए हैं। इन्हें पढ़कर अपने को एक नई दृष्टि से देख रहा हूँ। आप असाधारण रूप से साधारण हैं। इतना साधारण होना एक आश्चर्य है।

– भारतभूषण

पुष्पा जी के विचारों और स्वभाव का फक्कड़पन उनकी भाषा की विशेषता बनकर सामने आया है जो औरों की तुलना में उनके अपने निजी व्यक्तित्व को भी रेखांकित करता चलता है। यदि कबीर जैसी निर्द्वंद्वता और निश्चिन्तता इनकी कविताओं की भाषा का असली तेवर है तो विष

के कटोरे को भी अमृत मानकर पी जाने वाली मीरा की प्रफुल्लता और उसकी बहादुरी इनकी कविताओं का मूल कथ्य है।

पुष्पा जी की कविताएँ उनकी सहजता का प्रमाण हैं। मुझे भी उनकी कविताएँ उनकी साँसों की तरह, रक्त-संचार की तरह और उनके हृदय की धड़कन की तरह सहज लगीं। जहां तक मैं समझता हूँ बिना प्रयास के अभिव्यक्ति का कविता हो जाना सबसे कठिन काम है। यह तब ही हो पाता है जब रचनाकार की रचनाधर्मिता इतने अभ्यास से गुज़री हो कि उसे कुछ सोचना नहीं पड़े और कविता हो जाए। जैसे विश्वविख्यात सितार-वादक पंडित रविशंकर आँख मूंदकर सितार बजा सकते हैं, उस्ताद अलाउद्दीन ख़ां साहब तबले पर थाप दे सकते हैं, और उस्ताद बिस्मिल्लाखां शहनाई के स्वरों को जिधर चाहे मोड़ सकते हैं, क्योंकि उनकी कला उनके जीवन में उतर चुकी होती है। पुष्पा जी को भी लम्बी काव्य-साधना और निरंतर काव्यमय वातावरण मिलते रहने के कारण कविता के बारे में यही सिद्ध- हस्तता प्राप्त हो चुकी है। ऐसा लगता ही नहीं कि वे कविता कर रही हैं और जब शब्द सामने आते हैं तो वे उनकी कविता बनकर अपनी जानदार और शानदार उपस्थिति दर्ज कराते हैं। पुष्पा जी के साधारण होने पर प्रसिद्ध गीतकार भारतभूषण जी ने एक स्थान पर कहा था–"आप असाधारण रूप से साधारण हैं। इतना साधारण होना एक आश्चर्य है।"

–महाकवि कुंवर 'बेचैन'

अति परिचित, निकट की वस्तुओं, परिवेशगत तत्वों को कविता का विषय बनाना सबसे कठिन होता है। पुष्पा राही ने इसी पक्ष को उठाया और बखूबी निभाया है। इतना ही नहीं उन्होंने इस दिशा में पहल कर के अपनी काव्य-क्षमताओं का सुखद परिचय दिया है। एकदम अप्रत्याशित विषय क्षेत्र को कविता का विषय बनाकर हर धारा या वाद के कवि के सामने एक चुनौती सी रख दी है।

–डॉ॰ बलदेव वंशी

OOO